諸子一吵
直接把你考倒

韓品玉——主編
莊琪——編著

太極八卦 × 幾何力學 × 兵法韜略
他們的技術你都不一定會！

屈人之兵戰術 × 五行相生相剋 × 白馬非馬的詭辯

諸子的思想與技術不只著重在國家政策，
不論是外交、醫藥、謀略，甚至物理光學，樣樣都強到不行！

目錄

目錄

◆ 第四章 重視法律的法家

目錄

◆ 第五章　用兵如神的兵家

◆ 第六章　神祕莫測的陰陽家

◆ 第七章　能言善辯的名家

◆ 第八章　巧舌如簧的縱橫家

目錄

◆ 第十章　融合先秦學術的雜家

◆ 第十一章　追求君民共耕的農家

目錄

前言

中華文明源遠流長，身為龍的傳人，我們有五千多年有文字可考的歷史，文化典籍極為豐富。春秋戰國時期，諸子並起，百家爭鳴。隨著時代發展，諸子學說內容更為豐富，各派代表人物各顯神通，著作豐富。各種思想學術流派的成就，與同期的古希臘文明交相輝映，為後世留下了寶貴的文化財富。本書側重介紹一些有關諸子百家的小常識。

先秦諸子聞名於世，是中華文化的標竿性人物。百家學說啟迪智慧，開拓思想，推演文化，可以幫助人們了解世界、改變世界。諸子百家思想學說的博大精深，形成了自身獨特的魅力，是古人的智慧結晶。

古代諸子的學說對我們來說，依然有借鑑價值。它們是哲學上的巍巍山岳，令我們仰視；它們是時間長河裡的智慧源頭，指引我們前行。

編者

前言

第一章
诸子百家综述

諸子百家是一百家嗎？「子」是對誰的稱呼？我們所說的「三教九流」、「九流十家」是怎麼來的？讓我們一起來了解一下吧。

諸子百家≠一百家

所謂「諸子百家」，又叫「先秦諸子」，指先秦時期各種思想的代表人物和各個派別，後來用於對先秦至漢初各學術流派的總稱。

其名源於春秋戰國時期，有「百家」之稱。《荀子．解蔽》記載：「諸侯異政，百家異說。」《莊子．天下》云：「百家之學時或稱而道之。」《漢書．藝文志．諸子略》著錄：「凡諸子百八十九家，四千三百二十四篇。」意為當時數得上名字的一共有一百八十九家，四千三百二十四篇著作，後人據此概括為「諸子百家」。之後的《隋書．經籍志》、《四庫全書總目》等書目記載的「諸子百家」實際上有上千家。

諸子百家

不論是百家還是千家，影響較大、流傳較廣、最為著名的十幾家發展成學派。《隋書．經籍志》中提到，諸子有儒、道、法、名、墨、縱橫、雜、農、小說、兵、天文、曆數、五行、醫方十四家。可見，諸子百家是一種泛稱，並不是嚴格意義上的一百家。

「百家爭鳴」時代所闡發的文化思想，奠定了中國傳統文化的基礎，其中儒、道兩家學說得以廣泛流傳和發展，對中國古代的文化和社會產生了極為深遠的影響。

「百家爭鳴」的出現

「百家爭鳴」的產生，有其獨特的背景。與人們想像的不同，它的興起不是處於盛世之時，而是處於天下局勢最混亂之時。當時各諸侯國勢力龐大，相互爭雄稱霸，挾天子以令諸侯。當時的社會，無論是政治、經濟方面，還是社會、教育方面，都產生了劇烈的變革。

從政治層面來看，周代推行的分封制度已經因諸侯之間稱霸爭雄而逐漸崩潰。從社會層面來講，周代世襲的貴族階級體制，因為平民的崛起而從根本上開始動搖。從經濟層面分析，由農牧業發展出商業，商人的地位逐漸提高，因經商致富的人取代原有貴族成為新的地主；「世居其土，世勤其疇」的農民，也隨著商人勢力的擴張，產生了大規模的人口流動。

最重要的是教育方面的改變。周代推行貴族政治，在「學在官府」的教育體制下，只有貴族子弟才有受教育的權利。而到了春秋戰國時期，隨著政治社會的變動，平民漸漸有機會接受教育，平民出身的才俊之士數量倍增。他們面對新的時代變化，紛紛著書立說。學術隨之越來越興盛，由此開啟了百家爭鳴的局面。

「三教九流」的由來

「三教九流」究竟指的是哪些人？這一說法是從何而來的？

「三教九流」泛指宗教、學術中的各種流派或社會上的各種行業。也用來泛稱江湖上各式各樣的人，也說九流三教。古代白話小說中的「三教九流」往往含有貶義。

其實，「三教」指儒教、道教和佛教。「三教」排列的先後順序，始於北周建德二年（五七三年）。《北史‧周高祖紀》：「帝（武帝宇文邕）升高座，辨釋三教先後，以儒教為先，道教次之，佛教為後。」而最初的「九流」，則是指先秦至漢初的九個學術流派，見於《漢書‧藝文志》，分別為儒家、墨家、道家、法家、陰陽家、名家、縱橫家、雜家、農家。後來，「九流」被用來代表社會上的各行各業。在「九流」中，又分「上九流」、「中九流」、「下九流」。

「上九流」為帝王、聖賢、隱士、童仙、文人、武士、農、工、商，「中九流」指舉子、醫生、相命、丹青（賣畫人）、書生、琴棋、僧、道、尼，「下九流」即師爺、衙差、升秤（秤手）、媒婆、走卒、時妖（拐騙及巫婆）、盜、竊、娼。

事實上，「三教」和「九流」的名稱，最初並不具有貶義，只是對不同人群的總稱。在《春秋穀梁傳序》中，把「九流」和「異端」並列，加上迷信之風日盛，後人就用「三教九流」泛指社會上五花八門、形形色色、各行各業的人物，從此「三教九流」就含有貶義了。

什麼是「九流十家」

「九流十家」，是先秦至漢初各種學術思想派別的總稱。《七略》中的〈諸子略〉，曾把諸子思想歸納為十家，並分別指出其思想淵源。「十家」是指以孔子、孟子、荀子為代表的儒家，以老子、莊子為代表的道家，以墨子為代表的墨家，以李悝、慎到、申不害、商鞅、韓非為代表的法家，以公孫龍、惠施、鄧析為代表的名家，以鄒衍為代表的陰陽家，以鬼谷子、蘇秦、張儀為代表的縱橫家，以呂不韋、淮南王劉安為代表的雜家，以許行為代表的農家，以青史子為代表的小說家。這十家中，只有以青史子為代表的小說家沒有系統性的理論傳世，其內容只是道聽塗說，未受到後人的重視，所以無法入「流」，被排除在「九流」之外，和其他九流合稱為「十家」。

「九流十家」既是學術派別，又是政治學派，各家的基本宗旨是為國君提供治國方略。儒家主張以德化民，道家主張無為而治，法家主張信賞必罰，墨家主張兼愛尚同，名家主張去尊偃兵。漢代以後，墨家和名家成為絕學，農家獨立成為一門技術性學科，陰陽家演化為神祕的方術。

「子」的內涵

「子」是古代對男子的尊稱。西周的爵位分為公、侯、伯、子、男五等，「子」是其中之一，指的是與之相對應的爵位。春秋時期，人們開始將執政的卿大夫稱為「子」；到了春秋末期，「子」指為學者所宗的師長。

春秋戰國時期，社會出現了巨大變革，舊的社會秩序已經解體，所謂「禮崩樂壞」。同時，人們開始更多地思考天下興亡，形成了「處士橫議」的社會風氣，百家爭鳴，學術空前自由，各類有創見的傑出人物便在這時候出現了，有謀求匡時濟世的，有倡導王霸之術的……這些人就是先秦諸子。他們的觀點和主張各不相同，但都言之成理，自成一家，對後世產生了深遠的影響。

學在官府

「學在官府」是西周時期教育制度的主要特徵。它主要體現為學術和教育被官方所把持；國家的典籍文獻、法制規章以及祭祀典禮用的禮器，全部由官府掌握，普通百姓根本無緣觸及。西周的政治體制為「世卿世祿」，即諸侯、大夫都擁有自己的世襲領地，政府的官職也多世襲。在這種體制下，培養治國人才的學校教育，其對象必然以貴族子弟為主，也就是所謂的「國子」，他們的教育由官方來安排。在「學在官府」這一體制下，形成了從中央到地方較為完善的學校教育體制，及以禮、樂、射、御、書、數「六藝」為主體的教學內容。

之所以出現這種歷史現象，可用三句話來概括，即「唯官有書，而民無書」，「唯官有器，而民無器」，「唯官有學，而民無學」。「唯官有書，而民無書」，指西周時期生產水準有限，書寫的材料不僅繁重，而且十分昂貴，只有官府才具有製作書冊的財力和人力。這些書冊，只有孤本，沒有複製副本刊布民間，民間僅知書名，未見其書。「唯官有器，而民無器」，指西周時期的禮、樂、舞、射都是重要的學術，學習這些學科，不能口耳相傳，要有器物設備才有條件進行實際演習。這些教學器物十分昂貴，不是一人一家所能具備，只有官府的人才有。「唯官有學，而民無學」，則

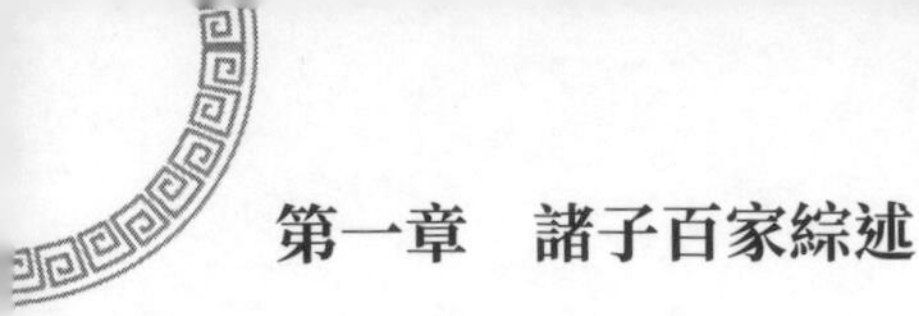

是指在宗法制條件下，家業代代相傳。由於學術官守，為官之人學有專守，不傳他人，只教其子，造成了學術壟斷，尤其是比較專門的學術，只在極小的圈子裡傳授。只有為官之人掌握學術，官府是傳授基地。只有官學沒有私學，只有貴族子弟才有享受教育的權利，庶人根本沒有受教育的權利。

周代後期，周王室因王位之爭大亂。世代掌管王室典籍的司馬氏，離周到晉、趙、衛，再轉至秦，王室典籍也隨之擴散到各諸侯國，東周文化不斷擴散和轉移。官至柱下史的老子，著《道德經》五千言。孔子曾入周，問禮於老子，老子言傳身教，孔子視之為「神龍」。孔子離周歸魯，又周遊列國，傳播儒家學說。這是私人講學、著述的開端，從此「學在官府」走向了「民間」和「社會」。春秋戰國時期，周王室勢力日益衰落，學者也隨之星散到各地，開辦各種私學，講學謀生，淪而為士，「學在官府」的局面被打破。在這個時期，中原文化傳播到戎、夷、蠻、狄，豐富了燕趙文化、巴蜀文化、吳越文化、齊魯文化等地域文化。東周文化的擴散、下移，促進了各諸侯國「士」階層逐漸形成儒、墨、道、法等學派。

學士、碩士、博士的起源

學士，最早出現在周代，指在學校讀書的人。魏晉以後，學士則指以文字技藝供奉朝廷的官吏；南北朝之後，學士意為掌管文學撰述的官員；唐代，翰林學士是文學侍從之臣；明代，翰林院士、翰林侍讀、侍講學士是詞臣的榮銜。明末設有典禮院，亦置學士。

碩士，指品節高尚、學問淵博之士。《新五代史》記載：「故前後左右者日益親，而忠臣、碩士日益疏，而人主之勢日益孤。」

博士，最早起源於戰國。當時，博士是一種官職，是博古通今、知識淵博的人。古代的博士大體有三種職責：一是侍奉朝廷，擔任皇帝顧問，參與朝政；二是負責保管朝廷的文獻檔案，編撰著述；三是傳授學問，培養人才。

群英薈萃的稷下學宮

稷下學宮是春秋戰國時期齊國設立的一個專供各地學者著書論辯、傳道授業的場所和機構，是中國最早的，由政府創辦的高等學府，是群英薈萃的寶地。

稷下學宮位於齊國國都（今山東臨淄）西門外，始建於齊桓公時期，至齊王建時期衰落，歷時一百四十餘年，繁盛時可達「數百千人」。當時很多各國著名的「文學遊說之

士」在此著書講學，互相切磋辯駁，形成了空前繁榮、百家爭鳴的學術局面。其規模之大，陣容之強，人員之眾，歷史之久，為史所罕見。

當時彙集稷下學宮的學者，主要有孟子、荀子、宋鈃鈃、尹文、慎到、環淵、鄒衍，田駢、彭蒙、淳于髡、接子、魯仲連、田巴、倪說等。這些學者在學術上各有所主，分屬各派，既沒有統一的模式，又不懾於權勢，自由地發表自己的學說和主張，爭辯求知。

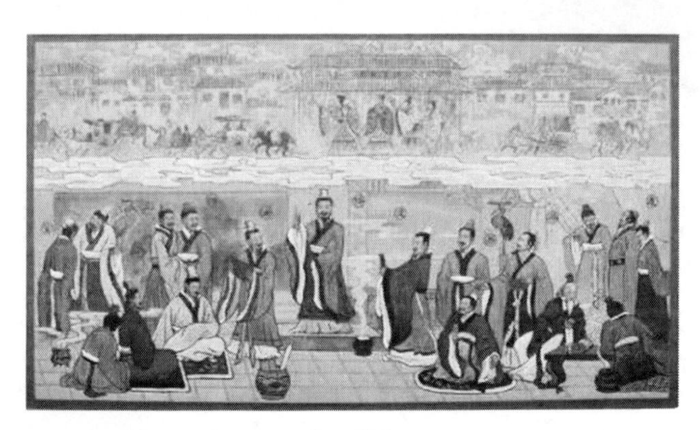

稷下學宮

稷下學宮之所以能夠在齊國產生，是與齊國政治、經濟的發展狀況和在文化教育上所採取的寬鬆政策密切相關的。

第二章
無為而治的道家

道家綜述

道家，以「道」為核心。該學派的創立者是老子（李耳），戰國時期的主要代表人物是莊子（莊周）。後來道家與名家、法家合流，兼取儒家、墨家、陰陽家的長處，形成了「黃老學派」。其主張以虛無為本，以因循為用，因時因物，無為而無不為，盛極一時。自漢武帝之後，政府開始獨尊儒術，黃老之學日漸衰落，但道家思想依然對中國傳統文化有著深遠影響。

道家學派認為，「道」是宇宙的本源，也是統治宇宙中一切運行的法則，可以簡單概括為「道法自然」與「無為而治」。道家提出「道法自然」的思想，主張人的一切思想和行為應該與自然相協調，不能違背自然規律，更不能破壞自然界的和諧。道家主張統治者實行「無為而治」，即「順應自然」。「聖人常無心，以百姓心為心」，治理天下，要順應民心，不要對百姓多加干預，讓百姓自然發展。

道家對宇宙來歷的思考始於老子。他認為天地並不是本來就有的，在天地沒形成前，先有道，由道派生出天地。這一過程被概括為：道形成原始的統一體，統一體分化為兩個對立的力量，二者相互滲透，生成萬物。即「道生一，一生二，二生三，三生萬物」。老子說的「二」，也就是天與地。老子之後，道家對天地的來源形成了系統性的學說。

《道原》一書討論了這一過程，書中指出，在天地沒形成前，僅有無限的空間，其中一片黑暗，只有精氣，精氣一往一復。這精氣也就是道，由它形成了天地和萬物。

其實，道家對中國文化的貢獻和儒家同等重要，只是在政治思想上儒學為顯學，而道學為隱學而已。道家學派在思想理論上的深度和辯證性，是中國哲學生命力不竭的泉源。同時，道家文化在繪畫、文學、雕刻等藝術方面的影響，更是占據重要地位。除此之外，道家哲學為中國社會政治活動提供了更為廣闊的空間，使更多的知識分子不會因為有太強的儒家本位政治理想而執著於官場的追名逐利，可以輕鬆地掌握進退之道，洞悉出世與入世之間的智慧。

黃老之學的春天

所謂「黃老之學」，從字面意義上理解，就是黃帝與老子的學說。當然，它不是黃帝學說與老子學說的簡單拼湊，而是秦漢之際的新道學家在依託黃帝立言，改造老子學說，綜合吸收先秦各家學說的基礎上形成的一種理論體系。其基本精神就是「治道貴清靜而民自定」的「無為而治」的政治思想，特點是道法結合。黃老之學提出「道生法」的觀點；突出「刑德」觀念，主張恩威；在以道、法為主的同時，兼采陰陽家、儒家、墨家、名家的思想。

第二章　無為而治的道家

西漢初年，百業待舉，百廢待興，國家需要休養生息。黃老「無為」的思想恰好與統治者所實行的「休養生息」的政策相吻合，形成自戰國末期的黃老之學隨之迎來了短暫的春天。

漢初，黃老「無為」思想的主要代表人物是陸賈和蓋公。他們主張「治道貴清靜而民自定」，讓統治者少生事、少擾民，以便於人民休養生息。漢武帝初年，司馬談的《論六家要旨》，則從理論上指出漢初黃老之學的思想特徵。一九七三年十二月，湖南長沙馬王堆漢墓出土的《黃老帛書》（包括〈經法〉、〈十六經〉、〈稱〉、〈道原〉四部，合稱《黃帝四經》），是漢初黃老之學的代表作。漢景帝時，淮南王劉安主持編著的《淮南子》，繼承並綜合諸子思想，受到以道家思想為主導的思潮的影響。

黃老之學綜合名法、道法，提出「道生法」。它的「清靜無為」切合漢初恢復經濟的需要，受到統治者的重視，成為治國的指導思想。從漢高祖起，至漢武帝初年的六十餘年間，統治者大多信奉黃老之學，主張「無為」的「有為」。漢初名相曹參和他的後繼者陳平都提倡黃老之學，文、景二帝以及參與這兩朝朝政的竇太后也是「黃老之術」的尊崇者，由此可見黃老之學影響之大。

黃老之學將《老子》中的道，改造成客觀存在的萬物運行的規律；同時指出，社會生活中也存在客觀規律，既主張以法治國，循名責實，又主張用武力來完成國家統一。

道家非常重視成敗存亡的歷史經驗，主張清虛自守、卑弱自持。這也符合恢復生產、穩定封建秩序的需要，得到了漢初統治者的大力提倡，黃老之學由此盛極一時。漢武帝建元六年（前一三五年），竇太后死，武帝與丞相田蚡漸漸罷黜黃老之言，延攬儒者，並加以重用。自此，黃老之學日漸衰微。

騎青牛出關的老子

老子，姓李，名耳，字聃，是春秋後期著名的哲學家。

老子

老子從小聰明好學，廣泛閱讀了各種書籍，很快成為當地小有名氣的人物。為了開闊眼界，擴充自己的知識，在二十多歲的時候，老子孤身一人來到了全國的政治文化中心——東都雒陽。很快，憑藉自己的才幹，他出任了「守藏室之史」一職。

老子借職務之便拚命讀書，逐漸成為全國知名的大學問家。許多人不遠千里前來向他請教問題，孔子也曾專門向他請教有關禮制的問題。

孔子廣徵博引古代先賢關於禮制的話，並向老子討教。老子淡淡一笑，說了一段意味深長的話：「你提到的這些古代聖賢都已經死去很久了，就剩下一些話還流傳在世上，沒有必要用這些話來約束自己的言行，一味地模仿他們。君子應該具有適應社會的能力，遇到機遇就轟轟烈烈地幹一番事業；沒有機遇就遠離政治，無拘無束、自由自在地生活。」聽了老子的這番話，孔子深受觸動，回去之後對弟子們大發感慨。他稱讚老子知識廣博，見解深刻，是出神入化的雲中之龍。

由於各諸侯國連年征戰，東周也一天天衰落下去，還爆發了長達五年之久的內戰，大批珍貴圖書遭到了破壞。老子覺得雒陽不宜久留，打算去民風淳樸、戰亂極少的秦國安度晚年。

於是，騎著青牛的老子踏上了旅途，沒走幾天，便來到函谷關口，過了函谷關就進入秦國境內了。正在這時，守關的官員尹喜迎出來恭恭敬敬地向老子施禮說：「老先生途經這裡，未曾遠迎，希望您別見怪。素聞先生學問廣博，見識精深。您既然路過這裡，就請在這裡小住幾日，將您的真知灼見寫成一部書，一來可讓我拜讀，二來可讓天下人受到您的教誨。請您不要推辭！」

老子出函谷關

老子被尹喜的真摯所感動，便住了下來，把自己關於道德、無為而治、以柔勝強，以及對宇宙、人生、社會等方面

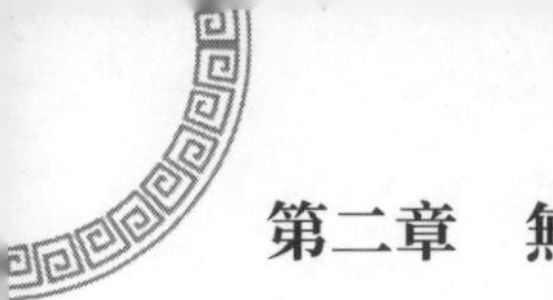

的見解，全部融於一書之中，寫成一部五千餘字的《道德經》。這部書最核心的內容就是「道」。老子主張，「道」是宇宙的本源，世界萬事萬物的形成、發展，都是由「道」轉化生成而來。它像天地一般永不停息地運動，這一規律是自然的規律，也是社會的規律。老子的思想對中國兩千年來思想文化的發展有著極其重要的影響。

成書之後，老子繼續西行，但此後就沒人知道他的下落了。

老子開創的道家學派與黃帝有何關係

「黃老學派」產生於戰國中期，原是齊國稷下學宮的一個學派。戰國中後期，由於長期以來的諸侯紛爭，各國都希望政治統一、和平安定的局面出現。在當時的思潮下，黃帝便成了人們所推崇的政治家，一時為「學者所公述」。當時的道家也積極吸收黃帝思想中的尚法宗旨，形成了以「道德」為核心，以老子、黃帝為共同創始人的新道家學派。該學派以「黃老之言」為學派的指導思想，因此時人稱之為「黃老學派」。

「黃老學派」的核心思想是「與民休息」「無為政治」。西漢初期，統治者吸取秦朝暴政而亡的教訓，將「黃老學派」的學說作為治國的指導思想，並將它實踐在政治上，以安定社會、恢復經濟、緩和階級矛盾和統治階層內部的矛盾。尤其在文帝、景帝時期，黃老之學盛極一時。

其實，黃老之學並非黃帝思想與老子思想的簡單結合，而是兼采「墨、名之要」，尤其吸收了儒家、法家的思想為自己所用，最終形成了以儒、道、法三者相互滲透的混合學說。從先秦到漢初，黃老之學根據政治的變化，不斷調整自己的主張。先秦時期，黃老學派道、法並提，重心在於法而不在於道。史載，許多著名的法家代表人物，如申不害、韓非、慎到等，大都「學本黃老」。漢初，黃老之學大量吸收儒家思想，強調無為之道，力求「道勝」；在重視法的作用的同時，反覆強調禮、德共用，並在「德刑」關係問題上提出了一套較為完整的主張。在湖南長沙馬王堆漢墓出土的《十六經》中，就有「春夏為德，秋冬為刑，先德後刑以養生」的記載。

西漢初期，黃老之學一直是漢王朝的「御用」學術。到漢武帝時期，採用董仲舒提出的「罷黜百家，獨尊儒術」主張之後，黃老之學才慢慢衰落，為儒學所代替。

道家與道教的淵源

道家思想不同於道教，前者是一種哲學學派，後者是一種宗教信仰。道家思想成形於先秦時期，到東漢時出現「黃

老」之說，後與神仙崇拜等概念逐漸結合起來。道教尊老子為宗，卻又追求長生不死，這和老子的哲學思想是迥然不同的，將二者完全混為一談實際上是一種誤區。道教是道家思想宗教化的產物，而道教支持者認為道教和道家在思想上有互補之處。

對於道教的產生，現存的史料和道教經書中的說法並不一致。《魏書》中認為道教源於老子，葛洪則認為道教源於「二儀未分」之時的「元始天王」。目前普遍的觀點認為，道教源於中國古代各地的巫術與鬼神信仰，這些巫俗信仰（如鬼道、方仙道等）再與儒、釋、道、墨、陰陽等諸家學說相結合，形成了各地不同的民間信仰體系。

先秦時期的神仙思想，對道教的產生和發展有很大影響。戰國時期，許多地方出現了鼓吹長生不老與不死之藥的方士。這成為道教服食丹藥成仙的思想淵源，對道教丹鼎派——外丹與內丹兩派的發展有重要影響。西漢初期，董仲舒的天人感應理論及讖緯之學的興起，對道教的產生有著重要影響；而佛教的傳入則是道教產生的催化劑；方仙道和黃老道在漢朝的泛濫，也催化了道教的產生催化作用。東漢時期，出現了以修道煉養解釋《道德經》的著作——《老子道德經河上公章句》，這被認為是道家思想向道教理論過渡的一個重要象徵。

綜上所述，道教思想主要有以下來源：一是中國古代的宗教與民間巫術；二是戰國到秦漢的神仙傳說和方士方術；三是先秦老莊哲學和秦漢黃老之學、黃老崇拜；四是儒學和陰陽五行思想。

《道德經》和《老子》是同一回事嗎

《道德經》，又名《老子》、《道德真經》、《老子五千文》，據說為道家學派的開山鼻祖——老子所作。全書共八十一章，前三十七章為「道經」，後四十四章為「德經」，後人並稱為《道德經》。

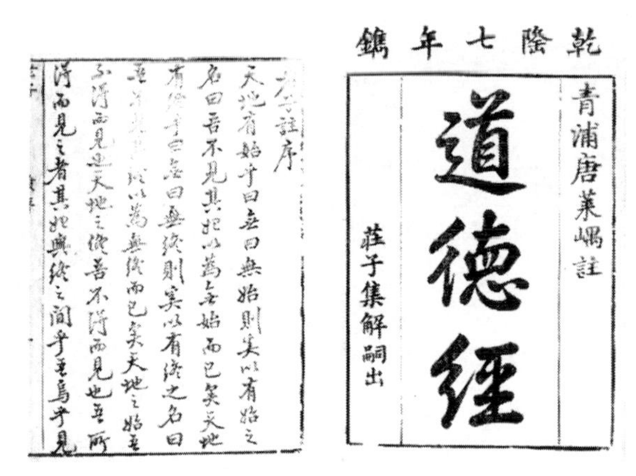
乾隆七年鐫

青浦唐萊嵋註

道德經

莊子集解嗣出

[illegible]註序
天地有始乎曰無曰無始則其以有始之
名曰吾不見其所以為無始而已矣天地
有終乎曰無曰無終則奚以有終之名曰
無[illegible]以為無終而已矣天地之始吾
不得而見之矣天地之終吾不得而見也吾所
得而見之者其始與終之間乎吾烏乎見

《道德經》

《道德經》通篇採用哲理詩的形式，對中國古代哲學、科學、政治、宗教都具有深刻影響。在哲學上，它認為，

「道」是世界的本原，提出「道生一，一生二，二生三，三生萬物」的觀點，認為世間萬物都是由「道」演化出來的。書中還含有樸素的辯證法思想，如「禍兮，福之所倚；福兮，禍之所伏」「反者道之動」「有無相生，難易相成」等觀點。在政治上，老子一方面對統治階級進行抨擊，如書中提到「天之道，損有餘而補不足，人之道則不然，損不足以奉有餘」；另一方面，他主張清淨無為、寡慾、知足，幻想人類回到「小國寡民」的原始狀態。其中，「道法自然」「天人合一」的思想無論對中華民族性格的鑄成，還是政治上的統一與穩定，都產生了至關重要的作用。

六句名言品《老子》

(1) 治大國若烹小鮮

此句語出《老子》第六十章，意思是治理大國如同烹製美味的小魚，這是老子所崇尚的治國方法。據說，上古時期的賢君商湯曾向伊尹詢問治國的主張，伊尹用這樣的比喻來說明：「做菜既不能太鹹，又不能太淡，要調好作料才行；治國如同烹飪，不能操之過急，也不能鬆弛懈怠，只有恰到好處，才能把事情辦好。」老子取用了伊尹的這個說法來表達自己的政治方略，強調治理國家要依照規律，循序行事。

(2) 小國寡民

此句出自《老子》第八十章：「小國寡民，使有什伯之器而不用，使民重死而不遠徙。雖有舟輿，無所乘之；雖有甲兵，無所陳之；使民復結繩而用之。甘其食，美其服，安其居，樂其俗。鄰國相望，雞犬之聲相聞，民至老死不相往來。」「小國寡民」是老子對自己的社會理想所做的闡述，這種社會生活狀態頗有桃花源式的意境。有人批判老子的這種思想表現是一種倒退。其實，這是老子有感於當時混亂的社會局面，所提出的一種以「寡慾」思想為出發點、人民世代安居樂業的美好願望，不宜過分地奢求和妄評。

(3) 民不畏死

此句出自《老子》第七十四章：「民不畏死，奈何以死懼之？若使民常畏死，而為奇者，吾得執而殺之，孰敢？常有司殺者殺。夫代司殺者殺，是謂代大匠斲。夫代大匠斲者，希有不傷其手矣。」這段話的意思是，民眾如果不畏懼死亡的話，又怎能以死亡為手段來威嚇他們呢？若民眾都畏懼死亡，那麼個別膽敢胡作非為的人，可以把他抓來殺掉，還有誰再敢妄動呢？宇宙法則是恆常不變的，自然會有專門主管誅殺的人來進行殺戮。代替專門主管誅殺的人去殺人，就像代替高明的木匠去砍伐一樣，很少有人不會傷到手的。

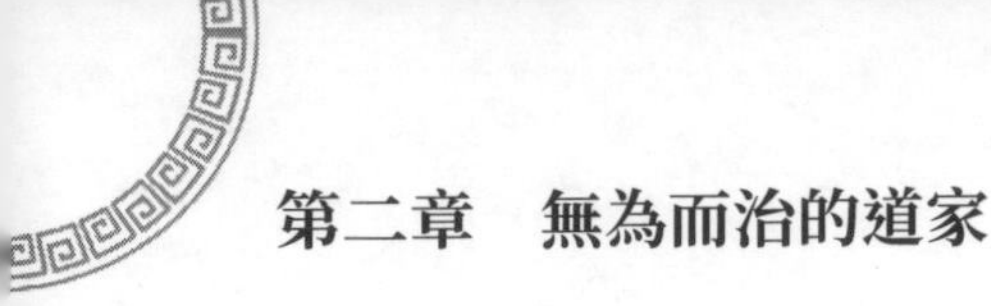

老子在此提倡的是一種慎用刑罰的施政觀念。這段話反覆談論民眾是否畏懼死亡的問題，民眾到底畏不畏懼死亡呢？很顯然，戀生惡死是人的一種本能，但是人不畏懼死亡的情況也是存在的。孟子曾言「所惡有甚於死者，故患有所不辟也」，人之所以連死亡都不怕，是因為有比死亡更讓人不能夠容忍的事。對於民眾來講，統治者的昏庸和殘暴就是比死亡更不能忍受的事情，所謂「苛政猛於虎也」。在這種情況下，再用死亡來威服民眾也沒有效力，刑罰即使再嚴厲，也不能折服民眾。陳勝吳廣在準備起義時所說的「今亡亦死，舉大計亦死，等死，死國可乎？」表明的就是這個道理。

老子的論說是在勸戒統治者，治理國家應當依靠政治的清明有序，而不能依靠嚴刑峻法；使用酷刑要有章可循，謹慎從事。這樣才可以令刑罰產生威服的作用，才有利於國家的長治久安。

(4) 禍福相倚

此句語出《老子》第五十八章：「禍兮，福之所倚；福兮，禍之所伏。」禍福相倚，表達的是禍與福相互依賴、相互轉化的辯證觀念。《淮南子·人間訓》中記載的「塞翁失馬，焉知非福」的典故，就是對禍福相倚具體而生動的說明。人們在面對幸福之時，不可盲目樂觀，要敏感地覺察到眼下的好景中可能存在潛在的反面因子；面對災禍之時，也不要盲目悲觀，應當在不幸之中看到幸運的一面，要從不利之中提取有利的因素，使事情朝著對自己有益的方向發展。居安思危、有備無患等行事的法則，其思想依據也就是禍與福之間的互為依存又相互轉變的關係。

（5）功成身退

此句語出《老子》第九章：「持而盈之，不如其已。揣而銳之，不可長保。金玉滿堂，莫之能守。富貴而驕，自遺其咎。功遂身退，天之道也。」「功成身退」說的是大功告成之後，自行隱退，而不再貪戀名位，這是合於大道的做法。《莊子．外篇．天運》中有這樣的話：「以富為是者，不能讓祿；以顯為是者，不能讓名。親權者，不能與人柄，操之則慄，舍之則悲，而一無所鑑，以闚其所不休者，是天之戮民也。」一味貪圖而不知休止的人，是要遭受上天懲罰的。「飛鳥盡，良弓藏；狡兔死，走狗烹」，說的就是這個道理。勾踐滅吳之後，范蠡的隱退與文種的被誅，這兩位功臣截然不同的結局就是很好的證明。

（6）上善若水

此句語出《老子》第八章：「上善若水，水善利萬物而不爭，處眾人之所惡，故幾於道。居善地，心善淵，與善仁，言善信，政善治，事善能，動善時。夫唯不爭，故無

尤。」老子用水的特點來表達至善之人的品性。水具有兩大優點，即「善利萬物」和「不爭」，而這兩個方面又是統一的。因其「不爭」，才可「善利萬物」；而「善利萬物」的一種基本的表現就是「不爭」。老子指出，正是由於不爭，才會沒有什麼過錯。在老子看來，這是一種接近於道的品性。

道法自然的智慧

看過《老子》的人都知曉老子的一句名言：「人法地，地法天，天法道，道法自然。」（《老子》第二十五章）

這句名言的意思是，道生萬物，天、地、人的活動都應以「自然」為法，「道」之上還有「自然」實體的存在。《老子》第五十一章說：「道之尊，德之貴，夫莫之命而常自然。」意為宇宙的一切是自然而然的，人應順其自然，不可有意而作為。莊子繼承了老子天道自然的思想，進一步指出至樂者，應之以自然，人生的目的就是任其自然。「道法自然」是宇宙萬物的純樸本性，更是宇宙萬物因其自然本性而具有的存在形式和行為模式，人要遵循自然的法則去作為。

由此可見，自然既是道最本質的特徵，又是宇宙萬物最根本的法則，所有事物都必須受該法則的制約。「道法自然」，也就是要順應自然。順應自然，就是讓天地萬物處於自然和諧的狀態。其中蘊含了豐富的生態智慧，是人與自然相協調的理論指導，對於解決當前的環境危機，具有重要的借鑑價值。人身為大自然的一員，應當和自然友好相處，協調發展，順應自然，尊重自然，法傚自然，這樣才能達到人與自然的和諧統一。當然，「道法自然」不僅僅指生態智慧，人們完全可以從「道法自然」中舉一反三。比如「治身」，人只有和自然保持在和諧的狀態下才能健康：天冷時要穿得暖和，天熱時想辦法使自己涼爽。世間萬物都有其生長規律，如果冬天去插秧、春天去收糧，不但不會有收穫，而且會有損失。要遵循自然規律，一切從實際出發。可見，「道法自然」的智慧在今天依然閃耀著璀璨的光輝。

「無為」是指無所作為嗎

道家所主張的「無為」並不是無所作為，而是指順應自然，按照天道自然的法則辦事，不妄作為。老子說「無為而無不為」，主張以無為之思想治國。漢初，統治者以無為思想治理天下，取得巨大成功。無為是道家的重要理論，道家學者把它作為處世哲學中的主要原則。他們認為天道自然無為，人的行事也應該效法天道，不應妄自作為。莊子將老子的無為思想發展為逍遙遊，主張遊心四海之外，而與天地精神相往來。這一思想一方面作為應事的原則，另一方面作為治理國家的政治準則，與修身連繫起來。以無為的方法行

事，就是順應大自然的運行規律，就會與道相合。無為並不意味著無所作為，在順應自然的同時，輔以人為，把自然與人的作為結合起來就是無為而治。

這種無為思想往往被運用到人的實際生活中。老子無為思想中的「上善若水」「虛懷若谷」，可以用在處理人際關係上；淡泊無為的處世方法，可以用於個人修養；無為的管理方法，可以用於政治管理中；返璞歸真、順應自然的運行法則，可以利於人與人、人與社會、人與自然的和諧相處來借鑑。

逍遙自在的莊子

莊子

莊子是戰國時期道家學派的代表人物。此人才華橫溢，卻因崇尚自由而不應楚威王之聘，做過宋國地方的漆園吏。他最早提出「內聖外王」思想，對儒家影響深遠。莊子洞悉易理，與老子齊名，世人並稱為「老莊」。他的代表作品為《莊子》，其中的名篇有《逍遙遊》、《齊物論》等。

莊子的逍遙自在，在其寓言故事中體現得淋漓盡致。他有個叫惠子的好朋友，做了梁國的宰相。沒多久，惠子聽到流言，說莊子要取代他的位置。這個流言讓惠子感到很不安。他在國都搜捕了三天三夜，也沒捉到莊子。不料有一天，莊子自己上門去見他，對他說：「南方有一種鳥，名叫鵷鶵（ㄩㄢ ㄔㄨˊ），你知道它嗎？鵷鶵從南海起飛，飛到北海，不是梧桐樹它絕不棲息，不是竹子所結的籽它絕對不吃，不是甜美的泉水它絕對不喝。一隻貓頭鷹拾到一隻腐臭的老鼠，鵷鶵恰巧從它面前飛過。貓頭鷹仰頭看著它，發出『嚇』的怒斥聲。難道現在你想用你的相位來『嚇』我嗎？」莊子這番話的意思是，對於他來說，相位如同腐臭的老鼠，避之唯恐不及，他根本不稀罕。

惠子

莊子品格高潔，不為浮華的名聲和權勢而放棄自由自在的生活。有一次，莊子在河南濮水邊上悠閒地垂釣。楚威王聞訊後，火速派了兩位官員來請莊子入朝為官。兩位來使向莊子傳達了楚威王的旨意。莊子手持釣竿聽完旨意後，說：「我聽說，楚國有隻大神龜，已經死去三千年了。楚王將它的骨甲裝在精美的竹箱裡，蒙在華美的罩中，珍藏在太廟明

堂之上供奉。對於這只神龜來說，它是願意死去留下骨甲以顯示珍貴呢，還是寧願活著，哪怕是在泥塘裡拖著尾巴爬行呢？」兩位來使聽完莊子的一番發問，不假思索地回答：「當然是選擇活著，拖著尾巴在泥塘中生存。」莊子告訴他們：「有勞兩位大夫，請回稟楚王吧，我也寧願選擇活著！」

「汪洋恣肆」的《莊子》

《莊子》又名《南華經》，包羅萬象，對宇宙、人與自然的關係、生命的價值等都有詳盡的論述。該書的總體風格，可稱為「汪洋恣肆」，這一獨有的風格直觀地體現在書中的寓言故事裡。

其中，《外物》和《則陽》兩篇各有一則寓言，給了我們一個形象生動的解答。先來看《外物》。這則寓言說的是，一位任公子站在高高的會稽山頂，用五十頭犍牛作魚餌，然後用一根很粗的繩子作魚線，魚線上綁著一個碩大無比的魚鉤，在東海裡垂釣。然而等了整整一年，他也沒釣到一條魚。可任公子毫不灰心，仍耐心等待。終於有一條大魚游過來，竟然一口吞下了五十頭犍牛，還把那個碩大無比的魚鉤吞了下去。這條大魚疼得在大海裡上下騰躍、左右攪動，頓時海面上白浪如山，波濤蔽日，海水湧動，聲如鬼哭狼嚎一般，把方圓千里的人都嚇得魂不附體。

《莊子郭注》

那個能鉤住五十頭犍牛的魚鉤該有多大呢？那條能拴住這個巨鉤的繩子該有多粗呢？那根能挽住這條粗繩的魚竿該有多長多粗呢？而那位能把這些龐然大物揮動起來，再拋向遙遠的東海的垂釣人，又該有多麼偉岸的身軀和非凡的神力呢？由此想來，任公子應該是一個腳踏大地、昂首天外的巨人。用「想像豐富奇特，想常人所『不敢』想，想常人所『不能』想」這一評語來概括莊子，實在是恰如其分。

再來看《則陽》篇。此寓言講的是，在一隻蝸牛的左觸角上有一個觸氏國，右觸角上有一個蠻氏國。兩個國家的地盤小得可憐。有一天，兩個國家卻為爭奪地盤發生了一場慘烈的戰爭，倒在地上的死屍達數萬人，為了追擊逃敵，需要半個月才能撤回軍隊。

蝸牛本身就已經是世間的極小之物，偏偏在這極小之物

的觸角上，建有兩個國家。那麼，雙方爭奪的土地又能有多大呢？恐怕也是微乎其微。而發動這場戰爭的統治者又該是多麼的可笑與可悲啊！莊子的奇思妙想實在出人意料，讓人嘆為觀止。

濠梁之辯，玄機無限

《莊子．秋水》篇中有個故事。莊子與惠子是好朋友，兩人經常辯論。一天，他們一起出去遊玩，來到濠水橋上。莊子看到水中的魚，感慨地說：「魚從容地游來游去，這正是魚的快樂呀！」惠子說：「你不是魚，又怎麼知道魚的快樂？」莊子說：「你不是我，怎麼會知道我不知道魚的快樂？」惠子說：「我不是你，當然不知道你的快樂。你不是魚，當然也就不知道魚的快樂，道理是一樣的。」莊子說：「請你想想開始的話題。你說『你怎麼知道魚的快樂』，表明已經知道我知道魚的快樂才來問我。我是在濠水橋上知道的。」

「濠梁之辯」蘊含了大智慧，主要體現在三個方面：首先是哲學上，其中富有知識論與本體論思想；其次是在邏輯上，從論辯中可以看到先哲對推理與論證的應用；最後一點就是論辯和博弈的方法，這在怎樣表達自己的想法和如何反駁他人的觀點上都具有重要的參考價值。

「莊周夢蝶」的故事

據《莊子‧內篇‧齊物論》記載：「昔者莊周夢為胡蝶，栩栩然胡蝶也。自喻適志與！不知周也。俄然覺，則蘧蘧然周也。不知周之夢為胡蝶與？胡蝶之夢為周與？周與胡蝶則必有分矣。此之謂物化。」意思就是，有一天，莊周夢到自己變成了蝴蝶，翩翩起舞，悠然自得，十分快樂，忘記了自己是莊周。過了一會兒夢醒了，發現自己是躺在床上的莊周，於是感到很迷惑：究竟是莊周做夢變成了蝴蝶，還是蝴蝶做夢變成了莊周呢？

莊周夢蝶

莊子之所以會有這樣奇怪的想法，原因在於他「齊物」的哲學思想，而這篇寓言就是宣揚他「齊物」思想的名篇。莊子一向認為人的生死、物我的界限是虛幻的，可以被打破，而且只有打破之後，人才會享受真正的快樂。對一般人來說，醒是一種境界，夢是另一種境界，這兩者是不相通的。但在莊子看來，他們都只是一種現象，只不過是「道」正在運行的一種形態、一個階段而已，所謂「物與我皆無盡也，物與我皆無界也」。這其實就是道家主張的「宇宙萬物本為一體」的哲學思想。

透過「夢蝶」寓言，莊子提出一個哲學問題——人如何認知真實？如果夢足夠真實，人便沒有任何能力知道自己是在做夢。其實不止莊子一人，許多人偶爾會產生人生如夢的想法，只是莊子將這種感悟透過寓言形象化地表達出來了。李白在《古風五十九首》中寫道：「莊周夢胡蝶，胡蝶為莊周。一體更變易，萬事良悠悠。乃知蓬萊水，復作清淺流。青門種瓜人，舊日東陵侯。富貴固如此，營營何所求。」意思是，人生本如蝴蝶夢一般變化莫測，昔日的東陵侯，現在成了城外的種瓜人，富貴哪有定數，又怎值得去追求呢？

鼓盆而歌的典故

此典故出自《莊子·至樂》篇，表現了一種面對生死時的樂觀態度。莊子的妻子去世後，惠子前來弔唁，看到莊子滿不在乎地叉著雙腿坐在地上，一邊敲擊瓦盆一邊唱歌。惠子說：「你同妻子共同生活，生兒育女，過了一輩子。現在她死了，你不哭已經不近人情，竟然還敲盆、唱歌，未免也太過分了！」莊子說：「不然。妻子剛死的時候，我又何嘗無動於衷！不過轉念一想，當初她本來就是沒有生命的；不但沒有生命，而且也沒有形體；不但沒有形體，而且沒有變成人的那種元氣。後來恍恍惚惚之間，又變成人的那種元氣，元氣變化成她的形體，形體變化為有生命的。如今，她重新變回沒有生命的死亡狀態。這種生與死的變化，就像四季的變化一樣，是自然而然的。現在她怡然安臥於天地之間，如果我嗚嗚地為此而痛哭，就太不懂得自然變化的至理了，所以我停止了哭泣。」

鼓盆而歌

何謂「太極」

《周易大傳‧繫辭上傳》載：「是故易有太極，是生兩儀，兩儀生四象，四象生八卦。」兩儀指的是天地，太極是天地未分的統一體，是至高無上的宇宙的本原。宋代，「太極」觀念有新的發展，形成一種太極即道、即理、即心的宇宙觀和世界觀。周敦頤作《太極圖說》，以太極為陰陽五行之本原。《太極圖說》記載：「自無極而太極，太極動而生陽，動極而靜，靜而生陰，靜極復動。一動一靜，互為其根。分陰分陽，兩儀立焉。」「極」的本義是屋梁，在屋的正中最高處。「極」意為頂點、極限，極如果有變化就叫做無極。極與無極形成了相互對立的兩個方面，因而分出陰陽，使其在歷史的演變中多出了一些歧異。它的無窮變化被那些修煉者、武師所借鑑，他們以太極為基礎原理，以達到瞬息萬變的搏擊之法因而創立了太極拳。太極拳的始祖——張三豐，觀蛇鶴之鬥，悟出剛柔生剋之理，融道家煉養之術，以動靜結合、內外俱修之法，使其拳法如龍乘雲氣之舒、虎借風聲之威，深得太極至理而名揚於天下。

「太極圖」中暗藏的玄機

太極圖最早出現於東漢煉丹家和氣功學家魏伯陽的《周易參同契》中，它反映了陰陽兩面既相互對立，又相互依存，陰中有陽，陽中有陰。這種陰陽對立互根的思想，在中國古代醫學中得到了廣泛應用。

太極圖是一種以陰陽相互涵容交感的圓形圖案，俗稱陰陽魚，相傳是宋代華山道人陳摶所繪。

現代學者普遍認為，太極圖是宇宙萬物運化中，概括地反應出物體存在的所有的模式。它以簡單而形象的方式概括了陰陽易理、相反相成的哲學道理，生動地展示了宇宙萬物的結構和運行規律。

太極圖上的黑代表陰，為陰儀；白代表陽，為陽儀。黑白兩部分像兩條魚一樣彼此依託，相互纏繞，寓意陰陽既對立，又統一。陰陽在相互排斥、相互鬥爭中，此消彼長，並始終保持一種動態的平衡。圖中的黑色部分有白點，白色部分有黑點，則寓意陰陽互根，陰中有陽，陽中有陰，所謂「孤陰不長，獨陽不生」。而最外層的圓圈則象徵太虛或無極，表示宇宙萬物是由元氣化生的，同時又在進行著運動和循環。

宋代一些大儒以人學視角解讀太極圖，認為太極圖包括天、地、人三部。陽方代表天部，陰方代表地部，中間的曲線代表人部，太極圖是一個研究天地萬物共同規律的法象圖。所謂「太極元氣，含三為一」。他們由此提出了立天之道、立地之道、立人之道三綱領，也就是「三才之道」。並

把太極法則設定為人的所有行為的標準，「太極」學說因而也被發展為「人極」學說。

朱熹將「太極圖」解釋為描述道教內丹修煉的圖。

太極圖

總之，所謂大道至簡。太極圖本身雖然簡單，僅由一個圓圈、兩條黑白魚圖形和兩個圓點組成，但經過歷代的圖解和詮釋，已經構建了一個含義豐富而深邃的「太極哲學」體系。

「八卦」是用來算命的嗎

「八卦」是中國最古老、最神祕的文化之一，相傳為華夏始祖伏羲氏所作。伏羲氏將他所觀察到的一切，用一種數學符號描繪了出來，也就是八卦。「**—**」代表陽，「**--**」代表陰，三個這樣的符號，組成八種形式，叫做八卦。春秋時期，人們開始對「八卦」做出哲學闡釋，認為每一卦形代表天地間一種最原始的物質：乾代表天，坤代表地，震代表雷，巽代表風，坎代表水，離代表火，艮代表山，兌代表澤。後來，《易經》又對「八卦」做出了進一步的闡釋，提出了更有系統性的理論：無極生太極，太極生兩儀，兩儀生四象，四象生八卦，八卦生六十四卦，並最終以六十四卦象徵各種自然現象和人事現象。民間有時用「三求平未，斗非半米」來記八卦符號。

需要指出的是，雖然「八卦」一直被算命先生拿來作為算命的工具，但它絕對不是簡單的工具。其深邃的化繁為簡的哲學思想一直影響著中國人的思維方式，最終形成了「大道至簡」的哲學理念。「八卦」在中醫中也有應用，中醫中的推拿穴位名，多有以「八卦」命名的。此外，隨著現代科技的發展，「八卦」所蘊含的科學知識也得以讓人們的進一步了解。

八卦有「先天」與「後天」之分。相傳，伏羲和周文王

先後創造了八卦，人們為區別它們，將伏羲所創的「八卦」稱作「先天八卦」，而將周文王所創的「八卦」稱為「後天八卦」。後天八卦只是和先天八卦位置不同，其卦面及含義不變。

第三章
注重實踐的墨家

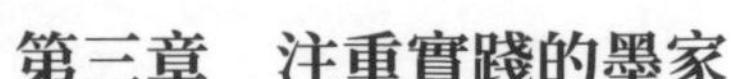

第三章　注重實踐的墨家

墨家的發展概況

墨家，是墨子所開創的學術流派，在戰國時期與儒家同為顯學。韓非曾論：「世之顯學，儒、墨也。」孟子也曾說：「楊朱、墨翟之言盈天下。」可見，墨學在當時社會上是非常流行的。

墨家不僅是一個學術流派，而且是一個有著嚴密結構和嚴格紀律的團體。墨家的成員都稱為「墨者」，其最高領袖被稱為「鉅子」，墨者必須服從鉅子的領導，聽從指揮，「赴湯蹈刃，死不旋踵」。墨者多來自社會下層，是有知識的勞動者。他們吃苦耐勞，嚴於律己，把維護公理與道義看作是義不容辭的責任，有強烈的社會實踐精神，以「興天下之利，除天下之害」為己任。墨家思想以庶民為本位，這與儒家思想更多的是從士大夫的角度出發是大不相同的。因此，墨家與儒家在很多觀點上都是對立的，墨子在當時就以「非儒」著稱。墨家的社會思想以「兼愛」為核心，並由「兼愛」出發，導引出「非攻」的基本主張。墨家的「兼愛」是一種沒有差別的、視人如己的普遍的愛，這不同於儒家所倡導的有親疏之別的、推己及人的愛。「非攻」，表達的是墨家對於諸侯之間相互征戰的反感，他們認為這種戰爭是「至大為不義」的。墨家還主張「尚賢」和「尚同」。「尚賢」，簡單說就是任人唯賢；「尚同」，就是選擇聖賢之人為天子，再由天子下達一套高尚的道德標準來統一天下的思想，從而避免人與人之間的衝突和社會的動亂。墨家還提出了「非樂」、「節用」、「節葬」等重要主張，也就是說不行禮樂，倡行樸素，崇尚簡約，辦理喪事也要從簡。此外，墨家還有「天志」、「明鬼」、「非命」等思想。《墨子》一書是記錄墨家思想和學說的最重要的典籍。《墨子》中的篇章文學性弱而邏輯性強，這與墨家樸素的思想觀念有關。

墨家發展到後期分化成兩支：一支注重知識論、邏輯學、幾何學、光學、靜力學等學科的研究，也就是「後期墨家」（亦稱「墨家後學」）；另一支則轉化為秦漢的遊俠。「後期墨家」學派對墨家前期的社會倫理主張多有繼承，除了肯定感覺經驗在認知中的作用以外；也承認理性思維在認知中的作用，克服了前期墨家的經驗主義傾向。其邏輯思想被稱為墨辯，在中國古代邏輯史上占有重要地位，和亞里斯多德邏輯理論、因明論構成了世界三大古典邏輯理論。墨家在戰國以後逐漸衰落；西漢時期，漢武帝推行獨尊儒術的政策，政治環境和社會心態都已經發生變化，加之墨家本身所要求的嚴苛的修煉與艱苦的生活令許多人望而卻步，這使得墨家在西漢之後基本消失，只是墨家的某些精神依然在民間傳承。

心繫蒼生的墨子

墨子，名翟，魯國（今山東西南部）人，春秋時期著名的思想家。他是墨家學派的創始人，有《墨子》一書傳世。

墨子

在政治思想方面，墨子主張「尚賢」「尚同」。「尚賢」也就是任賢使能。墨子指出，「官無常貴，而民無終賤，有能則舉之，無能則下之」。墨子的「尚賢」學說，突破了宗法等級制度；「尚同」，強調的是統一人們的思想。墨子認為，天下之亂是因為人們的思想不同而產生的，解決的辦法是：「選擇天下賢良、聖知、辨慧之人，立以為天子，使從事乎一同天下之義。」

在個人修養上，墨子主張吃苦耐勞，要求做到「量腹而食，度身而衣」，秉持一種嚴格苛刻的修行態度。相較於其他學說流派而言，墨子的思想主要反映的是社會下層人民的利益和願望。

不應被忽視的《墨子》

《墨子》是墨家門人記述墨子言行的書，反映了墨家的思想，《漢書．藝文志》著錄《墨子》七十一篇，現存五十三篇。

《墨子》一書分兩大部分：一部分記述墨子的言行和思想，主要反映了前期墨家的思想，闡述了墨家學派以「兼愛」「非攻」為思想核心的十大主張，包括「兼愛」「非攻」「尚賢」「尚同」「天志」「明鬼」「節用」「節葬」「非樂」「非命」。另一部分稱作墨辯或墨經，包括〈經上〉、〈經下〉、〈經說上〉、〈經說下〉、〈大取〉、〈小取〉六篇，著重闡述墨家的知識論與邏輯思想，也包含了很多自然科學的內容，體現了後期墨家的思想。書中的知識論屬於樸素唯物主義，強調「眼見為實」。在辯證邏輯方面，《墨子》廣泛地用邏輯推理來論證自己的學派思想，在中國思想史上建立了第一個古代邏輯學體系。

《墨子》

《墨子》一書包含的內容非常廣博和繁雜，涉及政治、軍事、哲學、倫理、邏輯、科技等諸多學術領域。但因行文質樸無華，文學性較弱，而部分篇章又佶屈聱牙，更加之東周之後墨學後繼無人，因此《墨子》一書長期為世人所忽視。直到近代，其中蘊含的豐富而寶貴的知識與思想才被重新發現和重視，特別是其中記載的數學、天文學、物理學等自然科學方面的知識，令世人非常震驚。例如，書中記載的光的直線傳播、小孔成像、槓桿定理等。《墨子》既是研究墨家學派的寶貴資料，又是中國哲學和邏輯史上的一朵耀眼的奇葩。

「兼相愛，交相利」

「兼相愛，交相利」，是墨子學說的基本綱領，是墨家學派創始人墨翟提出的治國謀略。

「兼愛」，就是愛人如愛己，要天下之人都彼此相親相愛。墨子認為，天下一切禍亂、奪取、哀怨、仇恨等事情產生的原因，均由不相愛引起。諸侯間不相愛會打仗，卿大夫間不相愛會互相攻奪，人與人之間不相愛會互相傷害，君臣間不相愛會引起不惠不忠，父子間不相愛會造成不慈不孝，兄弟間不相愛家庭就不會和睦。所以，要把別人的國看成自己的國，別人的家看成自己的家，別人的身體看成自己的身體。如果天下人都相愛，就不會有弱肉強食、貧富相欺了。

「交利」，是兼愛的目的和表現。墨子認為，愛別人的人，別人一定會愛他；使別人有利的人，別人一定會使他得利。如果憎惡別人，別人也會憎惡他；害別人的人，別人也會傷害他。所以，天下人相親相愛，彼此能夠「交利」，各自的利益就會得到滿足。

為了在治國實踐中實現「兼相愛」「交相利」的主張，墨子在內政上進而提出了「尚賢」和「尚同」，在對外關係上主張「非攻」。「尚賢」，就是選拔有德有能的人。不論其出身地位，「雖在農與工肆之人，有能則舉之」。「尚同」即「上同」，是指人們的一切意見要統一於上級。從地方的一鄉一里到天下，都要統一於他們的長官，下級要逐級統一於上級，直到天子統一於「天」。「非攻」是指反對大國攻小國、強國攻弱國的戰爭。這種戰爭會給民眾帶來無窮的災難，是「天下之巨害」，而這種戰爭產生的根源，則是不相愛。

墨子曾用他的「兼相愛」「交相利」謀略和「非攻」思想，制止了一次戰爭。墨子聽說楚國要攻打宋國，便從魯國動身，趕了十天十夜，到達楚國都城去見楚王。拜過楚王后，墨子問：「聽說大王將要攻打宋國，是嗎？」楚王回答：「是有這回事。」墨子接著說：「現在有個人，不要自己華貴

的車子，卻到鄰家偷爛車子；不要自己的繡花綢衣，卻去鄰家偷粗布衣服；不要自己的美食佳餚，卻想拿鄰家的糟糠。這是怎樣的人？」楚王說：「這個人有偷竊癖。」這時，墨子將話鋒一轉，說：「楚國的疆土，方圓五千里；而宋國的疆土方圓只有五百里，正如同華貴的車子跟爛車子相比。楚國有雲夢大澤，隨處可見犀牛、麋鹿，漢水的魚、鱉、綠團魚、揚子鱷，算得上是天下最富的；而宋國連野雞、兔子、鯽魚都沒有，這就像美食佳餚與糟糠相比。楚國有松樹、梓樹、楠木、樟木等大樹；宋國卻沒有，這就像繡花綢衣跟粗布衣服相比。因此，我認為大王攻打宋國跟這是一樣的。」為了證明這場無意義的戰爭楚國不一定能獲勝，墨子還和楚臣、公輸般進行器械與戰術上的較量，結果讓楚王和公輸般詞窮理屈。最後，楚王同意了墨子的主張和請求。

非攻

「非攻」，是墨子的重要思想主張。墨子從「兼愛」觀念出發，極力反對發動戰爭。《墨子‧非攻》有這樣的表述：「今攻三里之城，七里之郭……殺人多必數於萬，寡必數於千。」戰爭使百姓處於「居處之不安，食飯之不時，饑飽之不節」的境地；而戰爭對百姓生活的破壞遠不止於此，「入其國家邊境，芟刈其禾稼，斬其樹木，墮其城郭，以湮其溝池，攘殺其牲牷，燔潰其祖廟，勁殺其萬民，覆其老弱，遷其重器。卒進而柱乎鬥……」這一切都是戰爭帶來的惡果。

墨子指出：「此其為不利於人也，天下之厚害矣，而王公大人樂而行之，則此樂賊滅天下之萬民也，豈不悖哉！」這裡說的是戰爭為天下最大的禍害，統治者為了爭奪各自的利益卻樂於征戰，不惜發動戰爭而置萬民的生死於不顧。

墨子生活的時代正是諸侯之間兼併戰爭愈演愈烈之際，戰火所過之處，生靈塗炭，樂土化作廢墟，墨子對此深感觸動，因而痛心疾首地倡導「非攻」。這是一種和平主義的理想，但在當時的歷史情境下是不可能實現的。

節用與節葬

春秋戰國時期，諸侯之間戰爭頻發，墨子看到了戰爭給人民帶來的災難，「饑者不得食，寒者不得衣，勞者不得息」（《墨子·非樂》）；同時，也看到了戰爭對森林的破壞。於是，他以「欲求興天下之利，除天下之害」為己任，提出了「尚賢」「尚同」「節用」「節葬」「非樂」「非命」「兼愛」「非攻」「天志」「明鬼」等十項政治主張。

當時，統治者大興土木，濫伐森林，厚葬久喪成風，勞民傷財，墨子據此提出了「節用」與「節葬」的主張。「節用」意為統治者要節約用度，不過分地消耗民財、民力，興

事當以對人民有利為準。對此，他提出了實用的建築原則，反對興建過分消耗木材的豪華建築，認為：「其旁可以圉風寒，上可以圉雪霜雨露，其中蠲潔，可以祭祀，宮牆足以為男女之別，則止。」（《墨子·節用中》）「節葬」是「節用」的一個重要方面，指的是辦理喪事不可鋪張浪費，應當適可而止，生者不必對死者過分地哀悼。針對當時盛行的消耗大量木材和木炭的厚葬現象，他主張「棺三寸，足以朽體，衣衾三領，足以覆惡……則止」（《墨子·節葬下》）。

尚賢與尚同

「尚賢」與「尚同」，是墨子提出的政治主張。「尚賢」，說的是取用人選的時候當以賢能為準。墨子認為：「官無常貴，而民無終賤，有能則舉之，無能則下之。」又說：「不辨貧富、貴賤、遠近、親疏，賢者舉而尚之，不肖者抑而廢之。」墨子關於「尚賢」的學說，突破了宗法等級制度的束縛。

「尚同」，說的是統一人們的思想。墨子認為天下之亂是因為人們的思想不同而產生的，「一人一義，十人十義，百人百義」，每個人行事都有不同的準則，而彼此的思想相互衝突，這就導致了天下的混亂。墨子提出的解決辦法是，由最賢明的人做天子，用最高尚、最有智慧的思想來統一天下人的思想，由此人人思想一致，社會的運行就會井井有條。但在現實社會中，墨子的「尚同」願望是一種不可能實現的空想。

非命論

「非命論」是墨子思想的一部分，是人類對自身力量的初步認知，表達了古代勞動人民力圖擺脫傳統天命思想束縛的美好訴求。

墨子的「非命論」是從「天志」「明鬼」的宗教思想體系發展而來的，他所反對的是充塞於當時社會、麻醉人心已久的命定之說。他既堅信天帝、鬼神，又不信命運，乍看之下，似乎是矛盾的，其實不然。墨子不信命定之說，正因為他深信天志，以為天志欲人兼愛，不欲人相害，又以為鬼神能賞善罰暴。所以他說能順天之志，能中中鬼之利，便可得福；不能如此，便可得禍。禍福全靠個人的行為，全是各人的自由意志招來的，並不由命定。

墨子的「非命」，在積極方面，便是要人不信命而「強力從事」。有了這個「強」，就不會聽任命運的擺布。墨子為改革社會人心、促進社會進步而強調「非命論」，為的就是「興天下之利，除天下之害」。

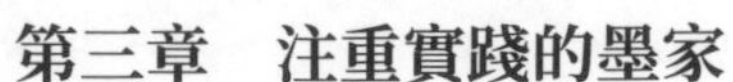

「三表法」的提出

「三表法」，是墨子提出的評判立言、著文的標準和原則。據《墨子·非命上》載：「何謂三表？子墨子言曰：有本之者，有原之者，有用之者。於何本之？上本之於古者聖王之事。於何原之？下原察百姓耳目之實。於何用之？廢（發）以為刑政，觀其中國家百姓人民之利。此所謂言有三表也。」

墨子所提倡的三表法，指的是立言、著文，必須要有本、有原、有用。「本之」，就是要根據前人的經驗教訓，求之於古代的典籍；「原之」，指的是從普通百姓的感覺經驗中尋求立論的根據；「用之」，指要將言論應用於實際政治中，透過看其是否符合國家百姓的利益，來判斷其真假和決定取捨。

墨子的「三表法」，以人們思想和言論的是非標準、構成方法、表達方法為研究對象，從而得出一些初步合理的邏輯方法。這些邏輯方法成為有系統的邏輯學說的開端，具有重要的歷史意義和知識價值。

墨子邏輯學思想的體現

「明故」「辨類」和「是非之理」，是墨子邏輯學思想的重要體現，在中國古代邏輯學史上也有重要的意義。

「明故」，指的是對原因的明確；「辨類」，指的是對類屬的辨別；「是非之理」，指的是對是與非的判斷。「故」與「類」，是兩個具有重要邏輯學意義的概念。「類」的概念掌握的是事物的關聯性，「故」的概念掌握的是事物的因果性。墨子從「明故」出發來「辨類」，進而確定「是非之理」，體現了論辯的邏輯性。舉例來說：「聖人以治天下為事者也，必知亂之所自起，焉（乃）能治之，不知亂之所自起，則不能治。譬之如醫之攻人之疾者然，必知疾之所自起，焉（乃）能攻之；不知疾之所自起，則弗能攻……聖人……當察亂何自起……臣子之不孝君父，所謂亂也……此何（故）也？皆起不相愛。」這就是墨子在論辯之中對於「故」這一邏輯概念的出色運用。

《墨經》中包含的物理力學原理

《墨經》中關於力學理論和機械發明的記載共有八條，內容豐富，理論分析精湛恰當，反映了春秋戰國時期的手工業狀況，以及人們對力學、機械規律的探究與應用所達到的水準。暫舉兩例。

■ **〈經上〉說：「力，刑之所以奮也。」〈經說上〉說：「力，重之謂。下與重，奮也。」**

「刑」與「形」通用，指有形體可見的物體。「奮」與「動」的含義不同。「動」是「運動」之意，是相對於靜止

而言的。「奮」則是「運動的變化」，是指靜止狀態變為運動狀態，或由勻速直線運動變為變速直線運動或曲線運動狀態。「力，刑之所以奮也」，意即「力」是改變物體運動狀態的原因。

不要小看這一論斷，十六世紀以前，歐洲人都認為力是使物體運動的原因，直到伽利略時，才改變了這種看法。他透過實驗證實，力不是使物體運動的原因，而是改變物體運動狀態的原因。牛頓在伽利略等人研究的基礎上得出：「一切物體總是保持勻速直線運動狀態或靜止狀態，直到有外力迫使它改變這種狀態為止。」（牛頓第一定律）

由此可見，早在兩千多年前，後期墨家對力與運動的了解就與伽利略、牛頓的了解程度非常接近了。

「力，重之謂」，意即物體具有重量正是由於受到重力的作用。「下與重，奮也」中的「下」指物體的自由落體運動，「重」指重力。這句話的意思是，物體在重力的作用下做自由落體運動，其速度變化的方向和重力的方向是一致的。這再一次彰顯了中國古代勞動人民的智慧。

■ **《經下》說：「復而不撓，說在勝。」《經說下》云：「負衡木加重焉而不撓，極勝重也。右校交繩，無加焉而撓，極不勝重也。」**

這一條是論述「桔槔」的原理與應用的。「桔槔」，或作「頡橋」，亦稱「橋衡」，簡稱為「槔」「橋」，是根據槓桿原理製造的汲水工具。

桔槔

據《莊子·天地》記載，一天，孔子的學生子貢從南方的楚國遊說完返回晉國，經過漢水的南岸時，看到一位老人正在給菜地澆水。這位老人把瓦罐探到井裡，然後再提出水來澆地，很費力，收效甚微。於是，子貢走上前對這個老人說：「我有一個裝置，用它澆地，一天可以澆一百畦，不用費多大力氣，收效卻很大。您願意試一試嗎？」老人抬起頭來，看了看子貢說：「你說說看，怎麼製造這個裝置呢？」子貢說：「用一根木頭，把它製成一個簡單的機械裝置，前面輕後邊重，用它來提水，這個裝置叫做桔槔。」老人聽了

很氣憤，卻又強顏歡笑說：「我聽我的老師說過，能製造機械裝置的人必有機智之巧，有機智之巧，必有機智之心……我不是不懂製造機械裝置，而是羞於製造這些裝置啊！」莊子講這個故事，是借澆菜地的老人之口來宣傳道家「絕聖棄智」「絕巧去利」的思想。同時，它也記載了桔槔這種汲水工具的應用情況。

墨家以桔槔和秤的工作原理為例，進一步總結了槓桿的工作原理，提出了「本（重臂）」「標（力臂）」「權」「重」等概念，論述了等臂槓桿和不等臂槓桿的平衡條件，並提出，槓桿的平衡不但取決於兩物的重量，而且與「本」和「標」的長短有關。由此可見，當時墨家已經知道了可以用兩種方法來調節槓桿的平衡，並已進行了槓桿原理的探討，這一發現與研究是難能可貴的。

《墨經》中包含的幾何光學

《墨經》中包含了豐富的幾何光學知識。我們熟知的「小孔成像」原理，最早源於墨子和他學生所做的實驗。當時，墨子已經知道光是沿著直線傳播的，基於此，墨子和他的學生在一間黑暗的小屋內朝陽的牆上鑿開一個小孔，人對著小孔站在屋外，屋裡相對的牆上呈現出一個倒立的人影。為什麼會這樣呢？墨子對此給出了精闢的見解：「景，光之人煦若射，下者之入也高，高者之入也下。」意思是說：因為光線像射箭一樣，是直線行進的。而人體下部擋住直射過來的光線，射過小孔，成影在上邊；人體上部擋住直射過來的光線，穿過小孔，成影在下邊，因而形成了倒立的身影。

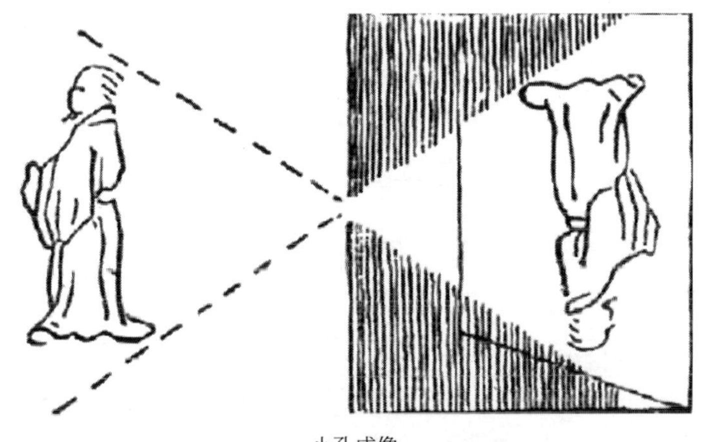

小孔成像

墨家還利用光的直線傳播原理解釋了物體和投影的關係；進而提出，光被遮擋會產生投影，物體的投影並不會跟隨物體一起移動。飛翔的鳥兒，它的影子彷彿也在移動，實際則不然，飛鳥遮住了直線前進的光線，形成了影子。一瞬間之後，飛鳥移動了位置，原來光線照不到的地方現在照到了，舊影隨即消失，而在新的地方又出現了新的影子。也就是說，鳥在飛翔時，它的影子並不跟著移動，而是在新舊投影中不斷更新。在兩千多年前，能這樣深入細緻地研究光的

性質，進而解釋影動和不動的關係，是令人嘆為觀止的。

此外，墨家還對兩個光源同時照射一個物體與成影現象進行了深入的研究：一個物體有兩種投影，是因為它受到兩個光源照射；如果僅有一個光源照射一個物體，則只會產生一個投影。這些觀點和論述與現代光學中的「本影」「半影」的描述非常吻合，領先於世界。

《墨經》中包含的數學原理

有人說戰國時期幾何學就已萌芽，這是有科學依據的，《墨經》中提出的一些幾何學的定義充分印證了這一點。《墨經》中有這樣的記載：「平，同高也」，「直，相參也」，「同長，以正相盡也」，「圓，一中同長也」。分別說的是，高低相同就是平；三點共一線就是直；兩個形體相比較，恰好相盡就是長度相同；圓外圍每一個點到圓心的距離是相等的。這些概念和今天的數學知識定義大致相同。

除此之外，《墨經》中提出了「端」「尺」「區」「穴」等概念，相當於近代幾何學上的點、線、面、體。其載：「端，體之無厚而最前者也」，「端，是無間也」。「端」字原意是植物剛出土的芽尖，這裡用來形容幾何學上的沒有厚度也沒有間隙、無法間斷的「點」，這種思想現在看來雖不精確，但在當時的文明程度下，還是頗具前瞻性的。

遊俠精神的由來

一直以來，行俠仗義的俠客形象在人們心中有很高的地位，重義輕利、言出必行、心懷天下的俠客精神也廣受讚譽。這種遊俠精神緣何而起呢？

作為一種社會現象，遊俠始於戰國，興盛於西漢。春秋末期至戰國時期，以宗法血緣關係和世襲等級制為主的社會階級結構發生了空前的變動。那種「公食貢，大夫食邑，士食田，庶人食力，工商食官，皂隸食職」，以及「士之子恆為士，農之子恆為農，工之子恆為工，商之子恆為商」的社會秩序完全被打破。舊貴族除少數轉化為新貴族之外，大多沒落了。地位上升的奴隸與原有的農民共同構成了封建國家的授田農民。在這場社會大變革中，「士」這個階層也開始解體。他們憑著自己的「一技之長」，在社會上尋覓著自己的位置。戰國初期，列國紛爭，相互兼併。同時，各國內部也爭奪激烈，沉浮不定。為擴大自己的勢力，並在鬥爭中獲取勝利，各個階層的統治者紛紛禮士、養士，遊俠之風盛行。

墨家與遊俠有著深刻的淵源。清代著名學者陳澧認為：「墨子之學，以死為能，戰國時俠烈之風，蓋出於此。」康有為則說：「俠即墨也。孔、墨則舉姓，儒、俠則舉教名，其實一也。」梁啟超說：「先秦書多儒墨對舉。漢人亦以儒俠

對舉，史記所謂『儒以文亂法而俠以武犯禁』是也。墨氏之教『損己而益所為』，『為身之所惡以成人之所急』。《淮南子》謂『墨子服役者百八十人，皆可使赴火蹈刃，死不旋踵。』由此可見，有墨一家，才有了中國延續了幾千年的遊俠精神。」

第四章
重視法律的法家

法家學派概述

在先秦諸子中，法家是對法律最為重視的一派，其思想先驅可以追溯到春秋時期的子產，戰國前期的李悝、商鞅、慎到、申不害等人使其最終得以發展成型。法家思想的集大成者是韓非。法家思想以主張「依法治國」的「法治」而聞名，在理論和實踐方法上都有較有系統性的論述。這一學說為以後秦朝建立中央集權的政治制度提供了理論基礎；後來，漢承秦制，使秦朝的法律體制成為中國古代封建社會政治與法制的主體。

法家學派深入闡釋了法律的起源、本質及作用，並卓有成效地探討了法律與社會經濟、時代需求、國家政權、風俗習慣、倫理道德、自然環境乃至人口、人性的關係等基本問題。這是法家在法理學方面的突出貢獻。與此同時，法家過分誇大法律的作用，忽視道德的作用，其理論過於依賴君王個人的能力，也產生了一些不利影響。

子產鑄刑鼎

在西周至春秋初期，刑法作為國家的根本大法，只為少數人服務，普通人甚至連了解的權利也沒有。國家的權柄掌握在貴族手中，他們負責解釋和宣判，甚至歪曲和亂用，仗著法律壟斷為所欲為。隨著郡縣制的形成，法律制度的變革也勢在必行。首先發起改革的是鄭國政治家子產。

子產是鄭穆公的孫子，家世顯赫。他對貴族的專制腐敗很不滿，下決心要改革政治，重振鄭國。公元前五三六年，子產改革了鄭國的法律，並把它刻鑄在青銅鼎上，公諸於世，稱為「刑鼎」。此舉頓時掀起軒然大波。晉國大臣叔向特意寫了一封信給子產，嚴厲批評他的做法。叔向認為：「只有道義才能防範犯罪，而法治只會助長犯罪。前朝有德之君都是以教導人民來形成社會風化，只有那些暴政而亡的君主才制定刑法，如夏桀、商紂。民知刑法，只會棄禮義而爭刑訟，國家會更亂。現在你執政鄭國，制定令人怨謗的法律，還將它刻在銅鼎上，這麼做，鄭國就要滅亡了！」子產回信簡潔又果斷：「按照您說的，我沒有才能、無遠慮，只想著拯救眼下這個世道，我不能接受您的意見！」子產所鑄的《刑書》現已失傳，但是從他臨終告誡接班的子大叔從政要猛如烈火一事來看，他應該與後來的法家一樣，是主張嚴刑峻法的。

無獨有偶，公元前五一四年，晉國也公布了成文法，並刻鑄刑鼎。這一行動同樣受到許多責難，其中孔子的批評尤為嚴厲。孔子認為，晉國只能用唐叔虞那輩人的宗法制度，現在所推行的刑法，使貴賤無序。其實，當時許多國家都進行了法律改革。在子產死後二十年，鄭國大夫鄧析改新刑法為《竹刑》，雖然他後來因此被殺，但鄭國將他的法律沿用了下去。

刑鼎

刑鼎的出現，代表著不成文法到成文法的轉變，在中國古代法制史上具有重大意義。這一時期，法與刑開始分離。春秋中期之後，各國紛紛公布了刑書，專門記載刑罰內容和適用範圍。晉、楚等國頒布的法律比起中原諸國的法律，有一定的進步意義。

李悝其人

李悝，戰國初期魏國人，是著名的政治家，也是法家的代表人物。李悝所在的魏國，是戰國初期最早進行改革的一個諸侯國。當時的魏文侯為了富國強兵，禮賢下士，延攬了李悝、吳起、西門豹、卜子夏（孔丘弟子）等大批人才。李悝以「魏文侯相」「魏文侯師」的身分，主持了一次卓有成效的變法。經濟上，「廢溝洫」，「盡地力之教」，廢井田，鼓勵發展農業生產，實行重農抑商政策；政治上，主張「為國之道，食有勞而祿有功，使有能而賞必行，罰必當」。即要獎勵軍功，重農重戰，實行法治。司馬遷在《史記·平準書》中載：「魏用李克，盡地力，為強君。自是之後，天下爭於戰國。」

李悝還編纂了《法經》。該書是在整理春秋以來各諸侯國頒布的成文法的基礎上編撰而成，是中國第一部較有系統性的封建法典。此書早已失傳，《晉書・刑法志》仍存有它的指導思想和篇目。《法經》分為〈盜法〉、〈賊法〉、〈囚法〉、〈捕法〉、〈雜法〉、〈具法〉六篇。李悝認為「王者之政莫急於盜賊」，所以將〈盜法〉、〈賊法〉列在前面。盜賊需逮捕囚禁，所以〈囚法〉、〈捕法〉主要是用以懲治盜賊的法律。〈雜法〉則是對狡詐、越獄、貪汙、賭博、淫亂、逾制行為的懲處。〈具法〉是關於刑罰加重與減輕的法律。《法經》初步確立了中國封建法典的基本原則與體系，對後世封建立法影響深遠。

李悝與《法經》

商鞅其人

商鞅，姬姓，公孫氏，又稱衛鞅、公孫鞅，戰國中期思想家、政治家、軍事家、改革家。他是衛國國君的後裔，故以「衛」為姓。後來因立下戰功，秦孝公將於、商兩縣的十五個邑封賞給他，故號「商君」，商鞅之名由此而來。

商鞅

據史料記載，商鞅年輕時喜好刑名之學，後來被魏相公叔痤推薦給魏惠王，但沒有受到重用，於是離魏赴秦，被秦孝公委任變法。商鞅先是透過鼓勵耕織、獎勵軍功、編訂戶籍、實行連坐、嚴格法令等一系列措施，使秦國逐步強盛起來；繼而又實行縣制，廢井田、開阡陌，統一度量衡，讓秦國的經濟迅速發展起來，使秦國一躍成為戰國時期的頭號強國。這不僅為一百多年以後秦始皇一統中國奠定了基礎，而且為封建制度的確立與鞏固立下了汗馬功勞。

然而商鞅一生為「法」而活，也因「法」而死。商鞅由於變法得罪了秦國舊貴族，在秦孝公去世後，剛即位的太子便以謀反的罪名下令逮捕他。商鞅逃亡至邊關，想在客棧借宿，結果店家說，商君之法規定禁止留宿沒有許可證的人，違者處以連坐之刑。聽罷，商鞅自嘆：「嗟乎，為法之敝一至此哉！」這就是成語「作法自斃」的由來。商鞅後被處以車裂之刑。

「徙木立信」的典故

秦國的新君秦孝公即位後，決心變法圖強。他為了蒐羅人才，下了一道命令，說：「不論是秦國人還是他國人，誰要能想辦法讓秦國富強起來，就封他做官。」求賢令一出，很快吸引了不少有才幹的人。衛國有一個叫公孫鞅（就是後來的商鞅）的貴族，跑到秦國，託人引見，得到了秦孝公的接見。商鞅對秦孝公說：「一個國家要想富強，必須重視農業，獎勵將士；如果打算把國家治理好，必須有賞有罰。有賞有罰，朝廷才會有威信，改革才能順利推行。」秦孝公同意了商鞅的主張，但變法遭到了秦國一些貴族和大臣的竭力反對。秦孝公拜商鞅為左庶長（秦國的官名），說：「從今天起，改革的事全由左庶長拿主意。」

商鞅起草了一個改革的法令，又怕老百姓不信任他，不按新法令去做，於是先叫人在都城的南門前豎了一根三丈高

的木頭。他下令說：「誰能把這根木頭扛到北門，賞十兩金子。」很快，南門前圍了一大堆人，大家議論紛紛。有的人說：「這根木頭誰都搬得動，哪用得著十兩賞金？」有的人說：「這大概是左庶長成心開玩笑吧。」眾人你看我，我看你，沒有一個人上前去扛木頭。商鞅知道老百姓還不相信他下的命令，就把賞金提高到五十兩。沒有想到提高了賞金，還是沒人上前。正在眾人議論紛紛的時候，有一個人跑出來說：「我來試試。」話一說完，他扛起木頭就走，一直搬到北門。商鞅立刻派人傳話，賞給扛木頭的人五十兩金子。這件事當即傳開，一下子轟動了秦國。老百姓稱讚說：「左庶長的命令說一不二。」

商鞅知道他的命令已發揮了作用，便把新起草的法令公布於眾。新法令明確規定，官職的大小與爵位的高低以打仗立功為標準。貴族沒有軍功的就不再享有爵位；多生產糧食和布帛的，可以免除差役；凡為了做買賣和因為懶惰而貧窮的，連同妻子兒女都罰作官府的奴婢。自從商鞅變法以後，秦國的農作物產量增加了，軍事力量也強大了。這就是商鞅南門立木的歷史典故，成語「南門立木」「徙木立信」就是從這裡來的。

徙木立信

《商君書》衍伸出的法家智慧

《商君書》是記載商鞅思想言論的資料彙編，又稱《商君》、《商子》，共二十九篇。現存《商君書》二十六篇，其中兩篇只有篇目無內容，加上《群書治要》卷三十六引《商君書．六法》中一段，實則僅有二十四篇半。這部書記載了法家革新變法、重農重戰、重刑少賞、排斥儒術等思想言論，反映了法家的政治思想。

法家思想的精髓是革新變法。〈更法〉篇詳細闡述了商鞅與甘龍、杜摯在秦孝公面前爭論變法的問題。書中還體現

了重農重戰的理念，這是法家思想的重要內容。《商君書》有關重農重戰的論述最多。如〈農戰〉篇說：「國之所以興者，農戰也」，「善為國者，倉廩雖滿，不偷於農」，「國待農戰而安，主待農戰而尊」。國家富強的衡量標準就在於農戰。此外，書中體現了重刑少賞的思想。加重刑罰、慎用獎賞（或說厚賞），是法家的重要思想。〈錯法〉篇說：「明君之使其臣也，用必出於其勞，賞必加於其功。功賞明，則民競於功。為國而能使其盡力以競於功，則兵必強矣。」〈去強〉篇說：「重罰輕賞，則上愛民，民死上；重賞輕罰，則上不愛民，民不死上：興國行罰，民利且畏；行賞，民利且愛。」重罰輕賞，意即君上愛護人民，人民肯為君上死；重賞輕罰，意即君上不愛護人民，人民就不肯為君上而死。可見法家是重刑而輕賞的。書中重本抑末、反對儒術的主張，也是法家思想的重要組成。這裡的「末」指的是商業和手工業。

　　該書解決了在當時條件下實行變法的理論問題，提出了變法的幾大原則，既有宏觀的理論闡述，又有具體的法令軍規，至今仍有龐大的參考價值。

法家思想的集大成者 —— 韓非

韓非，戰國末年韓國（今河南鄭州新鄭）人，法家學派的代表人物。韓非出身貴族，是韓國的公子。他自幼口吃，不善言辭，但文章出眾，喜好著書立說。韓非和李斯曾經一同拜於荀子門下學習。

韓非

韓非見當時自己的國家實力弱小，曾數次進諫韓王修明法治，富國強兵，韓王不但不聽，反而重用那些沒有實際經驗，好發空論的人。於是他觀往者得失之變，作〈孤憤〉、〈五蠹〉、〈說林〉、〈說難〉、〈內外儲〉十餘萬言。牆裡開花牆外香，韓非的著作傳至秦國，得到了秦王的稱讚，秦王高興地說道：「嗟乎！寡人得見此人與之遊，死不恨矣！」

秦國攻打韓國，韓王本來不想任用韓非，但秦進攻甚急，韓王於是委派韓非出使秦國。秦王見到韓非很高興，但秦相李斯認為，韓非是韓國的公子，不可能一心一意輔佐秦王。他向秦王建議，既然不能為秦所用，不如將他殺掉，以絕後患，秦王於是下令追殺韓非。韓非被捕入獄後，李斯暗

中派人送毒藥給韓非，逼其自殺。

身為著名的思想家、法家思想的集大成者，韓非提出了很多進步的觀點。首先是進步的歷史觀，他堅決駁斥當時「取法先王」的理論。在〈五蠹〉中，韓非舉例說，大禹時期取火已比較容易，當時如果誰鑽木取火，一定會被人恥笑；在商湯時代已經建立了一定規模的城市，如果誰再用挖溝的方式來守衛自己的家園，則一定被人恥笑。「是以聖人不務循古，不法常可。論世之事，因為之備」，反對因循守舊的思想。其次，他提出了明確的法治主張。他認為，儒家的人治思想太脆弱，最終會導致「人存政舉，人亡政息」，人治遠不如法治，以法治國是最可靠的。韓非在〈用人〉篇中說：「釋法術而任心治，堯不能正一國。去規矩而妄意度，奚仲不能成一輪。……使中主守法術，拙匠守規矩尺寸，則萬不失矣。」道理說得簡明透澈。此外，他還提出，君主要執掌大權，要有絕對的權威，並嚴格執行賞罰制度。這樣，根據歷史的發展而變更政治制度，不必草法先王，建立完整的法治制度，君主再緊緊掌握賞罰大權，天下就可以穩穩在握了。後來，有人將韓非的思想概括為「法」、「術」、「勢」的結合，作為有完整系統的治國理論。

《韓非子》一書包含了法家的哪些思想主張

《韓非子》是韓非的代表作，現存五十五篇，大部分是韓非自己的作品。

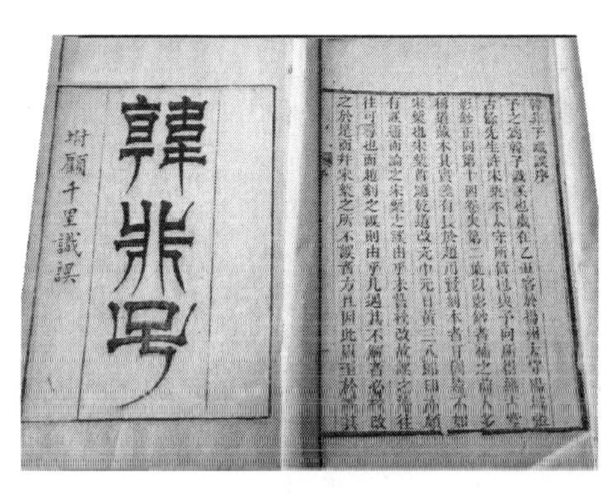

《韓非子》

書中重點闡述了韓非有關法、術、勢相結合的法治理論。將先秦時期法家的理論推上了最高峰，為秦統一六國提供了理論武器，同時也成為以後封建專制制度的確立的重要理論來源。

書中體現了韓非樸素的辯證法思想。我們熟知的矛盾概念就是韓非最先提出的，書中用矛和盾的寓言故事，說明了「不可陷之盾與無不陷之矛，不可同世而立」的道理。《韓非子》一書記載的大量膾炙人口的寓言故事非常值得一讀，如「自相矛盾」、「守株待兔」「老馬識途」、「諱疾忌醫」、「濫竽充數」等。這些生動形象的寓言故事，蘊含著深雋的

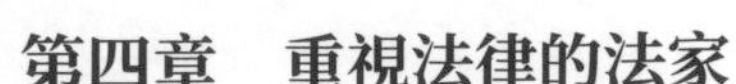

大哲理，給啟迪人們，也具有很高的文學價值。

書中行文鋒芒犀利，說理精密，議論透闢，切中要害。比如〈亡征〉一篇，分析國家可亡之道竟有四十七條之多，實屬罕見。而〈難言〉、〈說難〉兩篇，則揣摩了所說者的心理並如何趨避投合，極為周密細緻。

韓非生活的時期，以儒、墨兩家為顯學，崇尚「法先王」與「復古」。但韓非明確提出要反對復古，主張因時制宜，根據當時的形勢使用法治，並提出了重賞、重罰、重農、重戰四個政策，這在當時可謂難能可貴。自秦代以後，中國歷代封建王朝的治國理念也不同程度地受到韓非學說的影響。

明君治國的法寶——「二柄」

〈二柄〉是《韓非子》中的一篇文章。所謂「二柄」，是指君主操執以治事的兩種權柄。《禮記·禮運》注云：「柄，所操以治事。」在該篇中，韓非認為，明君用來控制臣下的治國法寶是兩種權柄——刑和德，也就是懲罰和獎賞。君主要靠「刑德」來制服臣下，若做君主的下放刑賞大權令臣下使用，那麼君主反而會被臣下所控制。正如老虎能制服狗，靠的是爪牙；假使去掉老虎的爪牙而轉讓狗使用，那麼老虎反而會被狗所制服。這兩種權柄作為老虎的爪牙是斷不可失的。君主必須獨自掌握賞罰大權，不能被臣下篡奪或與臣下分享；否則，就會形成「一國之人皆畏其臣而易其君」的局面，危及君主的統治地位。

韓非以實現以法治國為目的，進一步發展了商鞅「重刑少賞」「重罰輕賞」的思想。他從趨利避害的人性論出發，認為人臣畏誅罰而利慶賞，只要君主牢固地掌握刑賞二柄，就能使群臣畏其威而歸其利，從而達到治理國家的目的。實行賞罰的原則是「合於刑名」。「刑名者，言與事也。……功當其事，事當其言，則賞；功不當其事，事不當其言，則罰。」「二柄」是法家提倡的重要統治手段，與今天我們所說的「德治」與「法制」有異曲同工之妙。

成也《秦律》，敗也《秦律》

《秦律》是秦代頒布的一系列法律的統稱。商鞅變法時，曾將春秋時李悝的《法經》稍做修改，作為秦律頒行全國。秦統一六國後，再次修《秦律》，並推行到全國。後來秦二世又對《秦律》做了一些改動，最終成型。考古發掘出來的秦簡中的《秦律》，不僅包含《法經》六篇的內容，而且還有《田律》、《工律》、《置吏律》、《效律》、《倉律》、《金布律》等內容，涉及政治、經濟、軍事、文化等多個方面。從《秦律》的著眼點來看，其目的重在維護中央

集權的政治制度，體現的是統治階層的利益，從某種意義上說是鎮壓底層人民的工具。另一方面，因其使社會各領域「皆有法式」，也促進了社會經濟的發展。從刑罰制度上講，《秦律》中保留了許多古代殘忍的酷刑，比較野蠻。漢代廢除了一些酷刑，基本上繼承了《秦律》，後來魏晉南北朝延續使用，直到唐代，《秦律》才有大幅度的改動。

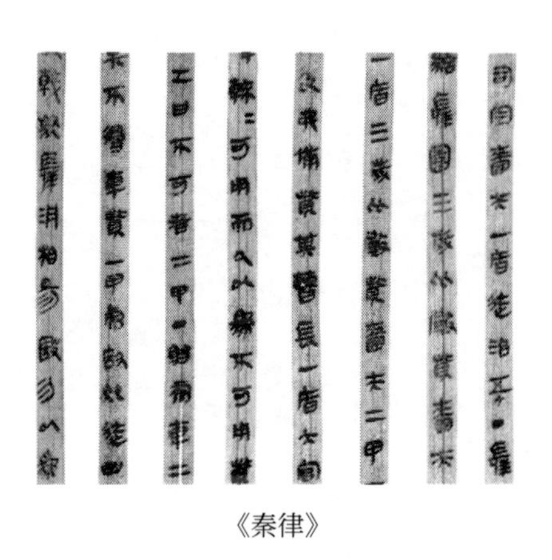

《秦律》

秦律的嚴苛，對於生逢亂世的人們很有必要。它迅速地穩定了社會秩序，使國家政令無比暢通，為經濟的發展提供了保障。但是這種嚴苛的法令也助長了統治者的個人專斷主義作風。自秦始皇開始法令越來越苛刻，人民稍有疏忽即獲罪，甚至身首異處，逼得老百姓沒有活路，最終官逼民反，釀成了陳勝、吳廣之亂（大澤鄉起義）。秦之興亡，可以說「成也秦律，敗也秦律」。

中國古代的刑制是怎樣的

刑制也叫刑法，是中國古代關於刑罰，即論罪懲罰的制度。中國古代沒有獨立的民法典，民事（婚姻、經濟、商業等）法律都附屬於刑法制度，因此，刑制是中國古代法律的主體。

關於刑制的起源，最早可以追溯到三代之時。夏有「禹刑」，商有「湯刑」，周有「呂刑」。之後的歷代王朝都在參考前代刑制的基礎下建立了自己的刑制。其中，秦代的《秦律》和唐代的《唐律》影響最深遠，為後世數代開創了基本的刑制架構。具體而言，中國古代的刑法名目相當繁多，大體上可概括為「五刑」。在五刑之外，歷代都存在諸如凌遲、腰斬、誅九族等相當野蠻殘忍的刑法，以作為「五刑」的補充。其針對的對象，往往是那些犯了謀反、兇殺等重罪的罪犯。有時，皇帝憑一人之專也會照著脾性對人施以極刑。

總體而言，古代刑制的主觀性較強。古人一般認為治平世用輕典即可，亂世則用重典。另外，遇到寬厚仁愛的君主，刑制就會寬鬆，如漢文帝劉恆；而遇到暴虐之君，刑制就會比較嚴酷，如明太祖朱元璋。中國刑制對朝鮮、日本、越南等國都有深刻的影響，被現代法學家稱為「中華法系」。

第四章　重視法律的法家

第五章
用兵如神的兵家

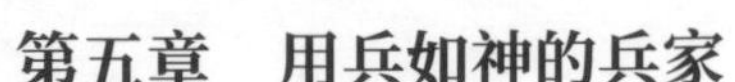

兵家簡介

兵家，是春秋戰國時期研究軍事理論和從事軍事活動的一個學派。《漢書．藝文志》並未將其列入「諸子」之中，而是另有單獨一篇〈兵書略〉。

春秋時期的孫武和司馬穰苴是兵家最早的代表人物，戰國時期有孫臏、吳起、尉繚、趙奢、白起等人。春秋戰國時期，諸侯之間戰爭頻發，使軍事成為一門顯學。一些從事軍事活動的有識之士，積極總結軍事方面的經驗，並且將其提升為作戰的規律，創作了一批重要的兵學著作，迄今最為著名的便是《孫子兵法》。這是一部至今仍備受關注、研究者眾多、有著重要應用意義的經典著作，影響深遠。

《漢書．藝文志．兵書略》收錄漢代以前兵家著作五十三家，七百九十篇，圖四十三卷，分為權謀、形勢、陰陽、技巧四家。呂思勉在《先秦學術概論．兵家》中說：「陰陽、技巧之書，今已盡亡。權謀、形勢之書，亦所存無幾。大約兵陰陽家言，當有關天時，亦必涉迷信。兵技巧家言，最切實用，然今古異宜，故不傳於後。兵形勢之言，亦今古不同，唯其理多相通，故其存在，仍多後人所能解。至兵權謀，則專論用兵之理，凡無今古之異。兵家言之可考見古代學術思想者，斷推此家矣。」現存的兵家著作有《黃帝陰符經》、《六韜》、《三略》、《孫子兵法》、《孫臏兵法》、《吳子》、《司馬法》、《尉繚子》、《百戰奇略》、《將苑》等。這些兵書在闡述軍事規律的同時，也體現了樸素的辯證法思想，是中國古代寶貴的思想遺產。

兵學鼻祖 —— 孫武

孫武，亦稱孫子，字長卿，齊國樂安（今山東惠民，一說博興）人，春秋末期傑出的軍事家。他因擅長用兵作戰，並著有優秀軍事論著《孫子兵法》，被後人尊稱為「兵聖」，也被譽為「百世兵家之師」、「東方兵學的鼻祖」。

孫武

周景王十三年（前五三二年），齊國內亂，孫武出奔吳國，長期避隱，潛心研究兵學，著成兵法十三篇。經伍子胥舉薦，孫武被吳王闔閭任為將軍，與伍子胥共同輔佐闔閭經國治軍，取得與楚國爭霸的主動權，大敗楚軍，攻占了楚都郢城（今荊州江陵西北），使吳國顯名於諸侯。

流傳至今的《孫子兵法》，反映了孫武豐富而深邃的軍事思想。孫武率先探討了戰爭全局與策略全局問題，這是中國乃至世界軍事史上的首例。他最早揭示了「知彼知己，百

戰不殆」、「失勝而後求戰」、「因敵而制勝」、「致人而不致於人」等指導戰爭的普遍規律，深刻總結了「以正合，以奇勝」、「攻其無備，出其不意」、「避實而擊虛」、「我專而敵分」等一系列至今仍具有科學價值的作戰指導原則。

《孫子兵法》為什麼會被尊為「兵經」

《孫子兵法》，又稱《孫武兵法》，為先秦時期兵家代表作，是孫武根據前人及春秋時期的戰爭經驗所編寫的軍事理論著作。全書共分十三篇，分別為〈計篇〉、〈作戰篇〉、〈謀攻篇〉、〈形篇〉、〈勢篇〉、〈虛實篇〉、〈軍爭篇〉、〈九變篇〉、〈行軍篇〉、〈地形篇〉、〈九地篇〉、〈火攻篇〉和〈用間篇〉。《孫子兵法》從整體和全面的角度，對戰爭的謀略、戰爭的方式以及戰爭的手段等方面進行了精闢的闡述，揭示了戰爭的普遍性規律，形成了較有系統的策略思想。

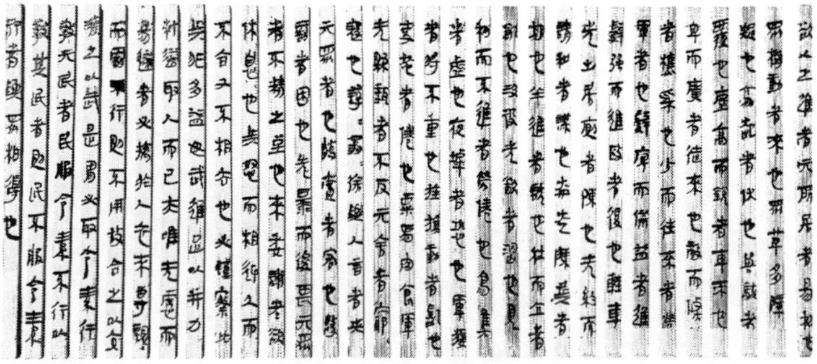

《孫子兵法》

《孫子兵法》重戰、慎戰的思想，「先勝」的理念，「不戰而屈人之兵」的策略和「致人而不致於人」的著名論斷，對中國軍事和政治生活產生了巨大影響。《孫子兵法》認為，對戰爭產生決定性作用的是道（政治）、天（天氣變化）、地（地理形勢）、將（作戰統帥）、法（軍隊紀律）這五個客觀因素，而不是天命、鬼神，展現出一定的積極意義。《孫子兵法》被後人尊為「兵經」，是了解中國古代軍事理論無法不看的巨著。

《孫臏兵法》

《孫臏兵法》，為戰國時期兵家代表作。作者孫臏，齊國阿、鄄之間（今山東陽谷、鄄城一帶）人，孫武后人，因受「臏」刑，史稱「孫臏」，中國古代著名軍事家。

《孫臏兵法》分上、下兩編，共三十篇。其中，上編十五篇，主要記載孫臏的事跡和言論；下編十五篇，主要闡述孫臏的軍事思想。《孫臏兵法》在繼承《孫子兵法》的前提下，總結以前的戰爭經驗，結合戰國中期的戰爭特點，提出了很多有價值的軍事理論。書中認為，解決戰爭的方法是不能依靠和平手段，要想制止戰爭，就必須以戰爭為手段，只有在取得勝利的情況下，才能獲得「和平」。在策略戰術上，書中強調對戰爭規律的了解和掌握，主張根據客觀條件

的不同，使用不同的戰術，作戰時應主要攻擊對方防守薄弱的部分。此外，書中還十分強調「人」的作用。《孫臏兵法》一書具有極高的軍事學術研究價值。書中在闡發軍事理論時，還記載了很多古時的戰爭，具有很高的史料價值。

《六韜》——驗明正身的坎坷之路

《六韜》相傳是西周姜尚所著，但這一說法一直不具有說服力，所以作者已不可考。一般認為，此書成於戰國時期。因全書以太公與文王、武王對話的方式編成，故稱《太公兵法》。今有存本六卷。

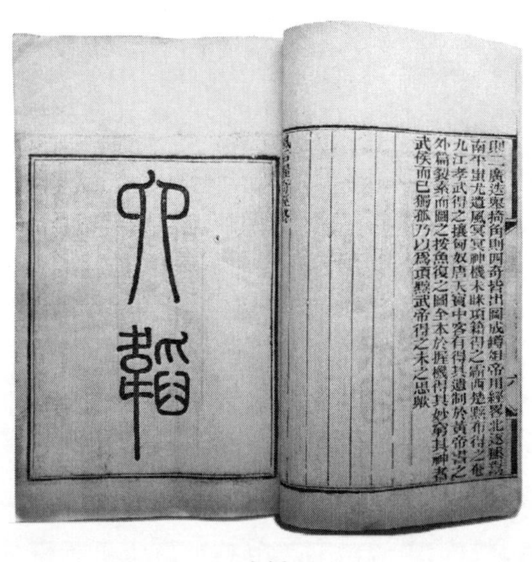

六韜

這部書在《漢書．藝文志．諸子略．兵家類》中並不見著錄，但《漢書．藝文志．諸子略．儒家類》著錄有《國史六弢》，其中記載：「即今之《六韜》也，蓋言取天下及軍旅之事。字與韜同也。」《隋書．經籍志》也明確記載：「《太公六韜》五卷，周文王師姜望撰。」從南宋開始，《六韜》便一直被懷疑是偽書，到了清代，更被確定為偽書。但在一九七二年四月發現的山東臨沂銀雀山西漢古墓中，卻找到了大批竹簡，其中就有五十多枚有關《六韜》的。這一考古發現證明，《六韜》至少在西漢時期就已經廣為流傳，而對它的懷疑和否定也就不攻自破了。

《六韜》集先秦軍事思想之大成，被譽為是兵家權謀類的始祖。該書分別以文、武、龍、虎、豹、犬為標題，各成一卷，共六十一篇，近兩萬字。書中內容十分豐富，涉及戰爭觀、策略戰術、軍隊建設等有關軍事的方方面面，其中又以策略與戰術的論述最為精彩，對後世的軍事思想有很大影響。司馬遷《史記．齊太公世家》稱：「故後世之言兵及周之陰權，皆宗太公為本謀。」其影響可見一斑。北宋神宗元豐年間，《六韜》被列為《武經七書》之一，成為武學必讀之書。

該書的影響遠不止國內，其在十六世紀傳入日本，十八世紀傳至歐洲，現在已被翻譯成日、法、朝、越、英、俄等多種文字。現存的版本有一九七二年山東臨沂銀雀山漢墓竹

簡殘本、一九七三年河北定縣八角廊漢墓竹簡殘本、敦煌遺書殘本、《群書治要》摘要本、《續古逸叢書》影宋《武經七書》本、《四庫全書》本、一九三五年中華學藝社影宋刻《武經七書》本、丁氏八千卷樓藏劉寅《武經七書直解》影印本。

《三十六計》

《三十六計》，不分卷，古代軍事謀略兵書。作者佚名。成書於明清之際。「三十六計」一語早已有之，出自《南齊書·王敬則傳》：「檀公三十六策，走為上計。」之後歷代爭相沿用。該書作者以此發端，擬出計名以成此書。全書按六計並為一套，共分六套：第一套勝戰計，第二套敵戰計，第三套攻戰計，第四套混戰計，第五套並戰計，第六套敗戰計。其中，前三套在我強敵弱、軍勢為優的情境下使用，後三套則為兵處劣勢、敗中求勝時所用。計名或取自兵學術語，如「以逸待勞、反客為主、聲東擊西」；或取自著名戰例，如「圍魏救趙、暗度陳倉、假道伐虢」；大部分則取自成語、民間諺語等，如「擒賊擒王、趁火打劫、順手牽羊」。每一計下設有簡明解語，解語均據《周易》陰陽相生之理，以及兵學中剛柔、虛實、奇正、主客等對立轉化思想予以詮釋。各條解語前半引兵法名句，後以《易經》句作結。現存有民國時期成都排印本及各種新注本。

不戰而屈人之兵

這是古代兵家的重要命題，指不透過作戰手段而征服敵人，以達到戰爭想達到的目的。《孫子兵法》將此定為戰爭的最理想境界。「是故百戰百勝，非善之善者也；不戰而屈人之兵，善之善者也。」（《孫子兵法·謀攻篇》）孫武將戰爭取勝的手段分為四種，或可理解為戰爭行進的四個階段。曰：「故上兵伐謀，其次伐交，其次伐兵，其下攻城。」其間存在著極為顯著的高下優劣之別。「伐謀」即透過戰前的謀略破壞敵人計劃、瓦解敵人鬥志，以軍事威力征服對手。它省去了「伐兵」、「攻城」等兩軍交戰的激烈階段，所實現的就是「不戰而屈人之兵」。孫武在〈九地篇〉中描述：「是故不爭天下之交，不養天下之權，信己之私，威加於敵，故其城可拔，其國可隳。」孫武對戰爭目的與手段的關係，表現出驚人的洞察力，理想的戰爭是以最小的損耗獲取最大的利益。因此，孫武所提出「不戰而屈人之兵」的觀點，具有極高的策略學價值。此亦為後來的學者所承襲，《六韜·武韜》曰：「全勝不鬥，大兵無創。」從長遠來看，孫武不戰而勝的思想早已超越其時代，即使在處理當代全球策略關係上，仍常為軍事家們所稱譽。

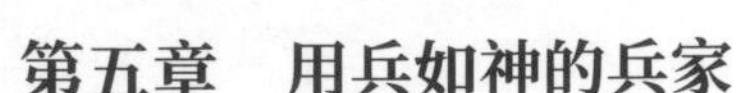

將在外，君命有所不受

孫武認為，親臨前線的將領最了解實際戰況，因此可以見機行事，為了提高作戰效率，不必請示君主或等待君主的命令。

吳王很重視孫武的軍事理論，因此想檢驗一下這些理論的實際效用。於是他從宮中揀選了一百八十名宮女，請孫武訓練。孫武將她們分為兩隊，由吳王最寵愛的兩個妃子擔任隊長。孫武三令五申，抬出鐵鉞，強調軍令如山，違令者斬。孫武發出號令後，眾女兵卻嘻嘻哈哈，沒有一個執行軍令的。孫武以為自己沒講清楚，便又將具體操作方法和軍中紀律重新解釋了一遍。當他再次發出號令時，眾女兵仍然只顧嬉鬧。孫武立即下令將兩個隊長拖出去斬首。吳王聽說孫武要斬他的愛妃，急忙派人前來求情，孫武說：「將在外，君命有所不受。」堅持將兩個隊長斬首。自此以後，眾女兵無論是多麼複雜的動作都認真操練，再也不敢嬉鬧了。孫武練兵的事情，一度傳為佳話。他斬妃明紀，也成了處事果斷、紀律嚴明的象徵。

軍事家司馬穰苴

司馬穰苴，春秋時期齊國人，是古代著名軍事家和軍事理論家。後人之所以稱他為司馬穰苴，是因為他是齊景公時期掌管軍事的大司馬。

司馬穰苴是田完的後代。齊景公時期，晉國於公元前五三一年派軍入侵齊國的阿（今山東東阿）、甄（今山東鄄城）地區，燕國軍隊也趁機攻入了齊國河上（故黃河南岸地區）之地，齊國守軍屢屢敗退。軍事上的失利，讓齊景公深感憂慮。為了扭轉敗局，當時擔任相國的晏嬰向齊景公推薦了司馬穰苴。晏嬰說：「穰苴是田氏的遠族子孫，很有才能，擅長謀劃，且熟知兵法，『文能服眾，武能威敵』。如果能以他為將，必會改變目前不利的形勢。」齊景公聽罷，立即召見了司馬穰苴，與之深入地探討了治軍、用兵的方略和法則等軍事問題。司馬穰苴在軍事上的傑出見解，博得了齊景公的讚賞。齊景公任命他為大將，令他率軍抵禦晉國與燕國的軍隊。司馬穰苴說：「我身分卑賤，從鄉里中被提拔起來，一下子位居大夫們之上，士卒不擁護，百姓也不信任，人微而權輕。您選派一個您親近且在全國享有威信的大臣，來做我的監軍，這樣才會順利！」齊景公答應了他的要求，派寵臣莊賈擔任監軍。

司馬穰苴和莊賈相約第二天中午在軍營正門見面。莊賈一向驕橫，和親戚飲酒相送，未能及時赴約，耽誤了閱兵。司馬穰苴依軍法斬殺了莊賈。莊賈被捕時曾祕密派人到宮中求救，當齊景公的特使乘坐馬車奔馳前來，向司馬穰苴傳

達齊景公特赦莊賈的命令時，司馬穰苴回答：「將領統率軍隊時，有時可不接受君主的命令。」司馬穰苴問軍正：「在軍隊中奔馳，該當何罪？」軍正回答：「當斬。」來使頓時嚇得面如土色，懇求饒命。司馬穰苴說：「既然他是君主派來的使者，不可以殺。」於是他下令釋放了特使，斬殺了車伕；同時命令武士拆車，將馬砍死，以警示三軍。

司馬穰苴執法嚴明，令軍心大振，齊軍成為紀律嚴明、軍容整肅的能戰之師。隨後，他立即率師出發，奔赴前線。在軍旅中，他親自過問士卒們的生活，把供給將軍的費用和糧食都用以犒賞士卒，很快就取得了將士們的信任，個個為之效死，奮勇參戰。晉軍聞訊而撤兵。燕軍得知這個消息，也回渡黃河，取消了攻齊計劃。司馬穰苴率齊軍乘勢追擊，一舉收復了淪喪的齊國城邑和土地，回國後他被提升為掌管全國軍事的大司馬。後來司馬穰苴遭到了齊國大夫和奸佞之臣的陷害，齊景公很快罷了他的官。司馬穰苴離職後一心撰寫兵書。不久病發身亡。

之後的齊威王令大夫追論古時的《司馬兵法》，並將他的遺著附於其中，稱《司馬穰苴兵法》，後世稱《司馬法》。《漢書．藝文志》記載為一百五十篇，《隋書》和《舊唐書》都注為三卷，而現存只有五篇，其核心思想是，治軍以「仁、義、禮、讓」為本。書中既詳細論述了統率軍隊與指揮作戰的經驗，及指揮員應具備的素養，又反映出春秋戰國時期的部分軍事制度與戰爭觀點。作為早期兵法理論的繼承和總結，它歷來為兵家所重視。

「十大兵書」

「十大兵書」指的是《孫子兵法》、《孫臏兵法》、《吳子》、《六韜》、《尉繚子》、《司馬法》、《太白陰經》、《虎鈐經》、《紀效新書》、《練兵實記》十部歷史上著名的兵書。

《孫子兵法》是中國現存最早的兵書，是春秋末期孫武的著作，現存十三篇。《孫臏兵法》為戰國時期齊國孫臏所作，共三十九篇，圖四卷，隋朝以前失傳，後在山東臨沂銀雀山西漢墓中發現了殘簡。《吳子》由吳起、魏文侯、魏武侯輯錄，共四十八篇，現存「圖國」、「料敵」等六篇，都是後人所撰。《六韜》傳說為西周呂望（姜太公）所作，後經研究認定是戰國時期的作品，現存六卷。《尉繚子》傳說為戰國時期的尉繚所作，共三十一篇，現存五卷，共二十四篇。《司馬法》是戰國時期齊威王命大夫整理的古司馬兵法，共一百五十篇，現僅存五篇。《太白陰經》是由唐代李筌撰寫，共十卷，《四庫全書》收錄的八卷是後人合作的。《虎鈐經》是由宋代許洞撰寫，全書共二十卷，一百二十篇。《紀效新書》是由明代戚繼光在東南沿海平倭時撰寫，共十八卷。《練兵實記》是由戚繼光在薊鎮練兵時撰寫，正集九卷，附集六卷，此書與《紀效新書》並稱「戚氏兵書」。

「將軍」這個稱謂是怎麼來的

「將軍」這個詞語相信大家都不陌生。「將軍」一詞產生的時間非常早，在春秋時期就已經有了。春秋戰國時期，戰事繁多，兵家學說盛行，將軍稱呼就來源於此。

按照周禮，天子統六軍，諸侯可領一軍。晉文公時期，為適應爭霸戰爭的需要，擴建三軍，為「上、中、下」三軍，其他諸侯紛紛效法。三軍之統帥，由三卿任之，入掌機密。春秋時期沒有「將軍」這一官職，至於三卿，據《禮記·王制》所載：「大國三卿，皆命於天子。」《孔穎達疏》著錄：「崔氏云：『三卿者，依周制而言，謂立司徒，兼家宰之事；立司馬，兼宗伯之事；立司空，兼司寇之事。』」可見，三卿指的是司空、司徒、司馬三個官職；大的諸侯國的三卿如果嚴格按照周禮規定，還需要周天子任命。

三軍產生後，由三卿各掌一軍，卿代行將軍之職。「將軍」的初始含義就是「將領一軍」的意思。戰國時期，開始設立「將軍」的官職。後來，軍隊的數量一再擴充，將軍也越來越多，需要一人來加以統帥，所以又有了「大將軍」或「上將軍」的稱呼。漢代以後，兵種不斷增多，一個大將軍管不過來。所以又有了驃騎將軍、車騎將軍、衛將軍等級別。明清兩代，有戰事出征，設置大將軍和將軍，戰爭結束則免。清代，將軍為宗室爵號之一，駐防各地的軍事長官也稱將軍。

你知道「十八般武器」嗎

「十八般武器」具體指什麼，這個說法是什麼時候形成的？古代形容人武藝高強時常說：「十八般武藝，樣樣精通。」這十八般武藝指的是十八種兵器，那麼它們具體是哪些呢？

兵器的產生，最早可追溯到新石器時代。當時的人們為了防身和狩獵需要，製造和使用了木棒、石刀、石斧等最原始的兵器（也是生產工具）。在考古發現的新石器時代文物中，還有用石料、獸骨和蚌殼磨成的箭鏃。到了商代，隨著青銅器的發明和使用，出現了青銅鑄造的刀、槍、鉞等兵器。春秋戰國時期，鐵製工具被廣泛使用，各種生鐵鑄造的武器層出不窮。到了漢代、魏晉時期，由於冶金技術的成熟，人們開始製造各種「鋼刀」，武器的種類逐漸豐富起來。到了明代，「十八般武器」基本定型。

十八般武器泛指各種武藝。最早見於元曲，《古今雜劇》收錄〈敬德不服老〉中有「他十八般武藝都學就，六韜書看的來滑熟」的句子。據明代謝肇淛的《五雜俎》和清代褚人獲的《堅瓠集》兩書所載，「十八般武器」為弓、弩、槍、刀、劍、矛、盾、斧、鉞、戟、鞭、鐧、鎬、殳（棍）、叉、耙頭、綿繩套索、白打（拳術）。如今，武術界所指的「十八般武器」則是刀、槍、劍、戟、斧、鉞、鉤、叉、鞭、鐧、錘、棍、抓、鏜、槊、棒、拐、流星。其實，早在漢武帝元封四年（前一〇七年），漢武帝經過嚴格的挑選和整理，親自審定、選出十八種類型的兵器：矛、鏜、刀、戈、槊、鞭、鐧、劍、錘、抓、戟、弓、鉞、斧、牌、棍、槍、叉。三國時期，著名的兵器鑑別家呂虔根據兵器的特點，對漢武帝欽定的「十八般武器」予以重新排列，分為九長九短，刀、矛、戟、槊、鏜、鉞、棍、槍、叉為九長，斧、戈、牌、弓、鞭、劍、鐧、錘、抓為九短。

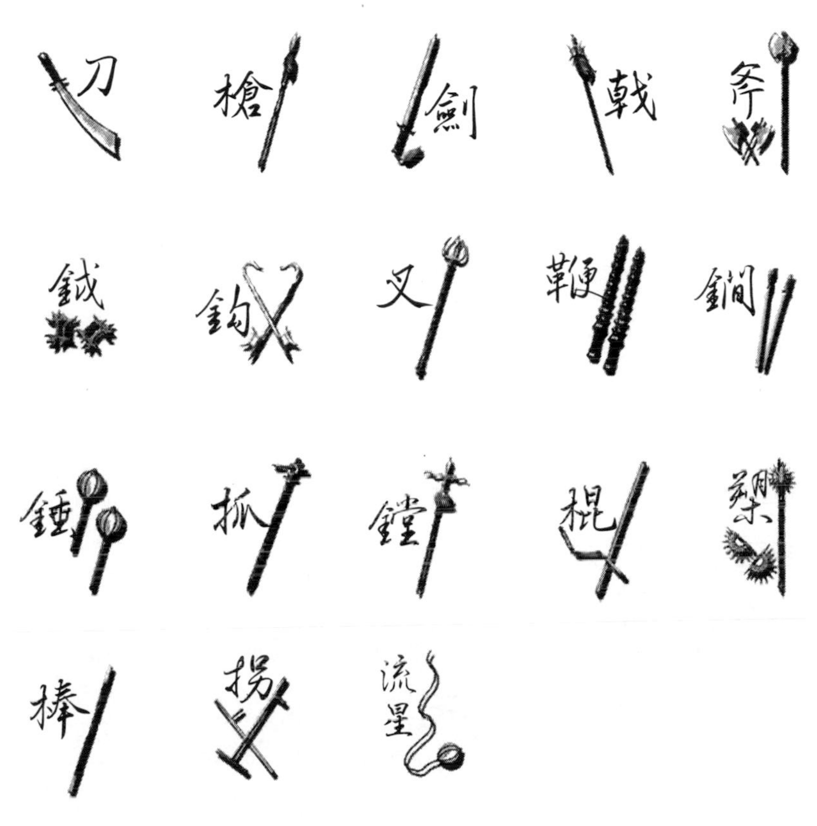

十八般武器

由此可見，「十八般武器」一詞雖然產生的時間較晚，但早在漢武帝時期，就存在這種劃分。這些分類還只是一級科目。如果再往下，五花八門的兵器就更多。這裡的「十八般武器」中的「般」字是「類」的意思，而不是指某種具體的武器。

你知道「五花八門」的意思嗎

生活中，我們常常用五花八門來形容事物花樣繁多或變化多端。那麼，「五花」是指哪五花？「八門」又是指哪八門呢？

「五花」與「八門」最早都是古代兵法中的陣法名稱。「五花」指「五行陣」，「八門」則指「八門陣」。兩種陣法都以變化多端、使人眼花繚亂著稱。「五行陣」中的五行，是指金木水火土，此陣是利用道家五行原理所布的一種陣法。相傳春秋戰國時期，許多策略家都懂得使用此陣。八門陣亦稱八卦陣，這個陣法原是按照八卦的次第列為陣勢的。八卦可變幻成六十四卦，會使對方軍隊陷入迷離莫測之境。相傳最早運用八門陣的是春秋、戰國時期的孫武和孫臏；三國時期，諸葛亮又將八門陣改成「八陣圖」。

後來，「五花」和「八門」，也被人們用來作為各行各業的暗語。其中，「五花」分別是：金菊花，意為賣茶的女人；木棉花，指街上為人治病的郎中；水仙花，指酒樓上的歌女；火棘花，指玩雜耍的；土牛花，指挑夫。而「八門」，則同樣指八種職業，分別是：一門巾，指算命占卦的；二門皮，指賣草藥的；三門彩，指變戲法的；四門掛，指江湖賣藝的：五門橫，指截道、行竊之人；六門蘭，指說相聲的；七門榮，指搭棚扎紙的；八門葛，指唱大鼓的。

後來可能因為五花與八門所代表的職業過於繁多，不便記憶，所以人們乾脆不管它具體指的是什麼了，直接用它來形容花樣繁多、變化多端的情況。並且不限於職業，可以用來形容各種事物。

第六章
神祕莫測的陰陽家

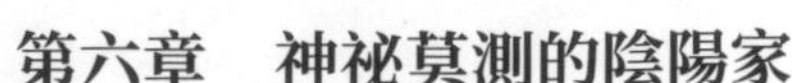

什麼是陰陽

「陰陽」本來是指物體向日的一面為陽，背日的一面為陰。在西周末年，周太史伯陽父以陰陽相互關係的變化解釋地震的起因，說：天地之氣，不失其序。如果失去它的秩序，天下便會出現動亂。陽氣潛伏著不能出來，陰氣得不到陽氣的熏蒸，陰陽二氣就不能和諧統一，於是就會發生地震。這裡的陽就是陽氣，陰就是陰氣。伯陽父的陰陽論說，開始將陰陽視為宇宙觀的基本概念。陰陽一般為一種事物的兩個方面，比如，天、男、牡為陽，地、女、牝為陰；暑、晝、呼為陽，寒、夜、吸為陰；氣屬陽，形屬陰等。在古代陰與陽這對矛盾的思想體系裡，始終陽為主，陰為輔。因而，君、父、夫居於主導和尊貴的地位，臣、子、婦居於從屬的地位。這是一種典型的形而上學思想，是為了維護君權、父權、夫權的封建統治。古人認為陰盛則陽衰，陽盛則陰衰，陰陽此消彼長，一生一滅，從而說明萬事萬物都有發生（或產生）、發展、消亡的過程。

「陰陽」學說是什麼時候形成的

「陰陽」學說是產生自中國古代的一種古老的哲學思想。《易經》載：「一陰一陽之謂道」，將該學說上升為宇宙間最根本的規律與最高準則。「陰陽」學說的基本內涵有陰陽一體、陰陽對立、陰陽互根、陰陽消長和陰陽轉化五個方面。

後來，隨著「陰陽」學說的發展，「陰陽」兩字所代表的意思越來越抽象、豐富。最終，但凡劇烈運動著的、外向的、上升的、明亮的，均屬於陽；相對靜止著的、內向的、下降的、晦暗的，均屬於陰。「陰陽」二字最終成為組成這個宇宙的最基本的兩種元素。兩者相互依存，相互影響，此消彼長。兩者的運動變化，成了宇宙萬物變化的最基本原因。此外，「陰陽」學說的重要特徵便是強調「變」，萬事萬物時刻都處在變化之中。事物的陰陽屬性，不是絕對的，而是相對的。這種相對性，表現了在一定的條件下，陰和陽之間可以相互轉化，所謂「陽極則陰，陰極則陽」。

「陰陽」學說，對中國的哲學、文學以及中醫等產生了巨大的影響，並深刻影響了中國人的世界觀和人生觀。它在中國歷史上占有重要地位，由老子所創立的道家便把「陰陽」理論作為自己的基礎理論之一。民間俗語所說的「樂極生悲」、「苦盡甘來」、「福禍相倚」等典故，顯然也是一種「陰陽」思想的反映。「陰陽」與「五行」相結合的陰陽五行學，對於中國的天文學、氣象學、化學、算學、音樂和醫學等都產生了深遠的影響。

陰陽家的發展概況

陰陽家是諸子百家之一，是一個以陰陽五行理論為思想基礎的學派。陰陽家的代表人物有公孫發、南公、鄒衍等，而以鄒衍最為著名。在自然觀上，陰陽家利用《易經》中的陰陽觀念，推演出了宇宙演化論；又在《尚書．禹貢》「九州劃分」的基礎上，進而提出「大九州」的學說，認為中國為赤縣神州，內有小九州，外則為「大九州」之一；在歷史觀上，則把《尚書．洪範》中的五行觀念改造為「五德終始」說，主張歷代王朝的更替興衰主要是依照五行運作的；在社會倫理上，贊成儒家仁義學說，同時強調「因陰陽之大順」。陰陽家的學說雖然普遍具有敷衍附會的性質，但是其中也包含了天文、曆法、氣象、地理等方面的知識，有一定的科學價值。漢初時社會上還存有陰陽家，武帝罷黜百家後，陰陽家學說的部分內容融入儒家的思想體系，部分學說則為原始道教所吸收，原來作為獨立學派的陰陽家從此不復存在。關於陰陽家的著作，《漢書．藝文志》載，「陰陽二十一家，三百六十九篇」，但均已亡佚，現僅存有少量殘文。

五行相生相剋的智慧

「五行」一詞，始見於《尚書·甘誓》。其說：「威侮五行，怠棄三正，天用剿絕其命！」其中所謂的「五行」究竟是什麼意思，今已無從考訂。〈洪範〉記錄箕子之言說：「天乃錫禹洪範九疇」，九疇的第一項是五行，也就是指水火木金土。〈洪範〉進一步說，水有潤溼下流的性質，火有炎熱上升的性質，木有伸直和彎曲的性質，金有屈伸變革的性質，土有能成長農作物的性質。這裡所講的五行和五行的性質都是作為人們生活日用的五種物質材料，不具有神祕的性質。

五行學說到了西周末年，有了更進一步的發展：五行是相互矛盾的，有矛盾就有鬥爭，矛盾鬥爭也就產生了相生和相剋的觀念。所謂相生，就是水生木，木生火，火生土，土生金，金生水；所謂相剋，就是水克火，火克金，金克木，木克土，土克水。後來，五行與五常連繫起來，使五行有了五常（仁義禮智信）的內涵，由此不斷延伸，使五行與五味、五色、五臟、五音等連繫在一起。值得一提的是，陰陽五行說的大師 —— 鄒衍認為，從天地開闢以來，世間一切都是按照五德轉移的次序循環的。什麼是五德轉移呢？鄒衍說：「五德之次，從所不勝，故虞土、夏木、殷金、周火。」具體來說，如黃帝時，其色黃，所以黃帝就屬土德；禹時，

天先顯示出草木，秋冬不凋，草木色青，所以夏就屬木德，色尚青；湯時，天先顯示在水中，出現金屬刀，所以商就屬金德，色尚白；文王時，在周王朝的社廟發現紅色的鳥銜著丹書，所以周就屬火德，色尚赤。黃帝為禹所克，禹為湯所克，湯為文王所克，因克而滅亡。這是中國古人以五行相生相剋的道理，來總結人們所經歷的時代產生、發展和消亡的過程；並希望從中找出一條永恆的規律，以預言一個舊時代的結束和一個新時代的開闢。在今天看來，這並不科學，但五行相生相剋的智慧，卻是個真理。

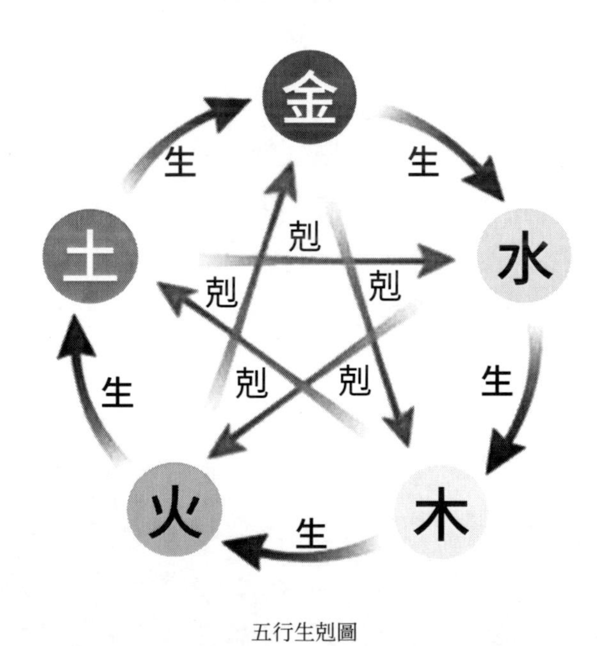

五行生剋圖

五行學說

五行學說，是中國古人用五個文字符號代表物質能量的形態，推導出彼此的相互關係及運動變化的規律的學說，是中國古代的一種物質觀。五行學說認為，宇宙萬物均由金、木、水、火、土五種基本物質的運行與變化構成。隨著這五個要素的盛衰，大自然產生變化，宇宙萬物循環不已。

需要指出的是，五行學說中的五行並不僅僅指具體的五種物質，而是根據事物的不同性質、作用與形態，將宇宙間的所有事物或現象大致分為五類，分別歸於金、木、水、火、土五行之中。五行之間內在相互連繫，首先體現在相生、相剋理論。除此之外，五行之間還存在相乘、相侮、制化、勝復的關係。古人運用五行和五行之間的複雜關係來認識宇宙，並將宇宙萬物的內在運行規律化。

五行學說和五行觀念的形成，對中國古代哲學乃至中國人的世界觀和生活方式，都造成了極其深遠的影響。古代先賢將五行理論運用到醫學領域，用五行辯證的生剋關係來認知和解釋生理現象，透過掌握人體運行的機制來預防和治療。例如，肝主升而歸屬於木，心陽主溫煦而歸屬於火，脾主運化而歸屬於土，肺主降而歸屬於金，腎主水而歸屬於水。當代仍有中醫研究五行如何在醫學上進一步地運用，希望用以醫治西醫無法解決的疑難雜症。另外，中國人在占

卜、取名時往往也要用到五行學說。在算命術中，可以透過一個人出生年月日時所對應的天干地支配起來的八個字，推算此人的命屬於哪種「命」；還可推算此人命中五行缺什麼，然後在取名字時透過某個字加以彌補。在魯迅小說《故鄉》中便有這種情況：「閏土五行缺土，因此取名為閏土。」除此之外，季節、方位等萬事萬物都可以按五行歸類。

關於五行的排序，有多種排法，其中按相生的順序為「木火土金水」，按相剋的順序則為「水火金木土」。而「金木水火土」這種排法卻找不到內在規律上的依據，之所以流行，很大程度上是因為唸起來比較順口。

什麼是五德終始

「五德終始」，也被稱作「五德轉移」，是運用陰陽五行理論來闡釋宇宙演變和歷史興衰的學說。創立人是戰國時期的陰陽家鄒衍。這裡的「五德」指的是五行的屬性，即土德、木德、水德、金德和火德。

按照「五德終始」的觀點，五行對應著宇宙萬物，萬物各具其德，天道的運行、王朝的更替、人世的變遷等，均是「五德轉移」的結果。

這一學說的產生，為當時的社會變革提供了依據和例證，但是又陷入了歷史循環論。這一學說將人類社會的發展與自然界的演變畫上等號，將沒有必然關聯的事理牽強附會，將人事的運轉歸之於天命，對此人們尚存有爭議。

鄒衍為什麼被稱為「談天衍」

鄒衍，戰國末期著名的哲學家，陰陽家的代表人物。他在齊國稷下學派和孟軻、淳于髡、荀況齊名，又同鄒忌、鄒奭被世人譽為齊國「三君子」。因其喜好談天論地，加之他的言論與學識人們大都聞所未聞，所以又有「談天衍」的美稱。

鄒衍的學問非同一般，他的思想主張主要包括兩方面的內容。一是「五行終始說」。他將當時流行的「五行說」（金、木、水、火、土）運用到社會中，以此來解釋歷史變更的原因。他認為，朝代的更替源於五行的轉換和循環，而歷史的發展也是按照「五行相勝」的順序進行的。經過此種論證，朝代的更替就具備了必然性和合理性。這種觀點帶有「天人感應」的成分，可以說是漢代「天人感應」學說的萌芽。在當時諸侯相互討伐、混戰的時代，鄒衍的這一學說受到各國諸侯的認同。他本人在稷下遊學，還議論國家的興盛衰亡，頻繁往來於各國之間，走訪遊說，廣交士林，受到極高的禮遇。後來，秦始皇將這一學說作為吞併諸侯國、統一天下的理論依據。二是「大九州說」。他認為，全世界有

八十一州，每九州為一個集合單位，稱「大九州」，有小海環繞。九個「大九州」另有大海環繞。再往外便是天地的邊際。這種提法，在今天看來並不準確，在當時卻反映了人們地理知識的增加與宇宙觀念的擴大，具有一定的進步意義。

鄒衍一生勤奮著述，四處奔波，八方遊說，為後世留下了很多傳世珍品。有《終始》、《大聖》等十餘萬言。《漢書·藝文志》著錄有《鄒子》四十九篇、《鄒子終始》五十六篇等。清代輯佚大家馬國翰的《玉函山房輯佚書》中，也輯有鄒衍的一部分遺說。另外，在《呂氏春秋》、《史記·孟子荀卿列傳》中，也有部分內容體現了「陰陽五行學」。

鄒衍的「五行終始說」和「大九州說」雖未像儒家那樣成為封建社會的主導理論，但建構了封建社會各種政治觀點、哲學理論的基本框架，各種自然科學也紛紛以他的學說作為自身架構及理論大廈的組成部分。此外，中國中醫理論也是以五行說來解釋人體。可以說，大到歷代王朝的更替，小到城鄉嬰孩的取名，無不與五行相互關聯。由此可見鄒衍對中國古代的影響之廣。郭沫若稱「鄒衍是一位大思想家」，英國的李約翰也稱讚他是「中國古代科學思想的奠基者」。

「大九州」的由來

「大九州」這一地理觀念是陰陽家鄒衍提出來的。在鄒衍以前，學者們想像全世界是一塊大陸，四周是海，海的盡頭與天相接。而當時的中國（包括戰國七雄和若干小國）幾乎是這塊大陸的全部，相傳這塊大陸曾被夏禹劃分成九州。鄒衍提出了不同的見解，他認為《尚書．禹貢》中所說的九州僅是整個宇宙世界的一部分，除了中國這個九州，還有另外八個與九州相同的州，這就是「大九州地理說」。

鄒衍大九州學說的理論基礎是陰陽五行說。他從時間與空間來推衍，順推是五行相生說，主要講天（大自然）；逆推的五行相勝說，主要講人（人類社會歷史）；由小推到大、由近推到遠的大九州說主要講地（地理），即中央之外，以東南西北「四極」來對應春夏秋冬「四時」，以八卦九宮之數來排列成九州，這也是他「天人合一」的宇宙觀的主體思想。

大九州的地理學說對後世影響很大，《山海經》就是根據大九州說編排的。後來許多學說都有鄒衍思想的痕跡。明代鄭和下西洋，與當時人們相信大九州說關係密切。現代西方關於世界的地理觀念和地圖知識傳入中國後，當時的士大夫就是用大九州說來認知、接受的。

第六章　神祕莫測的陰陽家

第七章
能言善辯的名家

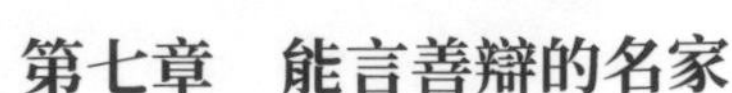

名家學派概況

名家，諸子百家之一，是春秋戰國時期一個以名實問題為研究中心、善於進行辯論的學派。春秋末期鄭國的大夫鄧析是名辯之學的倡始人，有著極其高超的辯術，據說能夠達到「以非為是，以是為非，是非無度，而可與不可日變」的程度。

戰國時期的惠施和公孫龍使名家發展壯大。惠施，宋國人，曾在魏國為相，後來魏國改用張儀，惠施被驅逐到楚國，楚國又把惠施送回宋國，不久之後，因為各國的支持，魏國改用公孫衍為相，張儀遭罷黜，惠施又回到魏國。惠施的著名觀點是「合同異」。所謂「合同異」，就是說萬物之間的「同」與「異」都是相對的，皆可「合」其「同」，「異」而一體視之。《莊子．天下》記有惠施著名的「歷物十事」，也就是惠施分析事物的十個命題，如「天與地卑，山與澤平」、「日方中方睨，物方生方死」等。公孫龍，趙國人，生平事跡散見於《呂氏春秋》，做過趙國平原君的門客，曾與燕昭王、趙惠文王討論過偃兵的問題，顯示了傑出的辯才。公孫龍的著名辯題是「白馬非馬」和「堅白石二」。「白馬非馬」混淆了概念的外延與內涵，割裂了事物的個別性與普遍性，認為純粹是一種「不理之理」。「堅白石二」又稱為「堅白石」，即一塊石頭用眼僅能感覺其「白」而不覺其「堅」，用手只能感覺其「堅」而不覺其「白」。所以，「堅」和「白」是彼此分離的。這一說法極具片面性。戰國末期，後期墨家對二者的片面性做了糾正，提出了「堅白相盈」的觀點。

名家著名的代表作有《鄧析子》、《尹文子》、《公孫龍子》、《惠子》等，但遺憾的是只有《公孫龍子》完整流傳下來，現存的《鄧析子》、《尹文子》很多內容為後人偽作。名家的重要影響不是體現在社會思想方面，而是體現在邏輯學方面。雖然名家的言論很多時候具有相當片面的詭辯色彩，但是其中蘊含了豐富的邏輯學知識，對於啟迪人們的思維和智慧具有重要意義。

名家為何被稱為「辯者」

名家是先秦時期注重辯論技巧，探討名稱與概念、名稱與實物關係的派別，因而有「辯者」之稱。隨著各諸侯國相繼公布成文法，「辯者」在當時社會上充當了類似今天律師的角色。他們根據法律條文來予以辯護，故又被稱為「刑名之家」。

春秋戰國之際，學術興盛，百家爭鳴，各家各派都在申說自己的學說，批駁他人的學說。隨著辯論的深入，人們發現許多舊的概念不能反映新事物的內容，而新出現的概念獲

得普遍的社會認同還需要時間，因而，名實不符的問題亟待解決。到了戰國中期，隨著名辯思潮的發展，名家學派應運而生。

鄧析任鄭國大夫的時候，正值子產執政。為了給子產出難題，他為人辯護，能將是說成非、非說成是，使執法者難以定案。子產認為他是一大禍害，就把他殺了。由此說明，研究辯論規律、制定辯論規則是當時的重要任務。

鄧析之後，相繼出現了三個基本學派：宋鈃、尹文學派，惠施學派，公孫龍學派。其中，宋鈃、尹文學派，又稱宋尹學派。他們認為「接萬物以別宥為始」，即只有破除（「別」）成見（「宥」同囿），才能建構對真理的認知。他們提出「人之情慾寡」，「見侮不辱」；號召「禁攻寢兵」，反對諸侯間的兼併戰爭；主張「人我之養，畢足（滿足）而止」，「願天下之安寧以活民命」（均見《莊子·天下》）。其著作已佚。一說《管子》書中的〈內業〉、〈白心〉、〈心術〉上下等篇為宋尹學派遺著。惠施學派則主張「合同異」，強調事物同異的相對性和事物的統一性。他們認為相同的事物是相互連繫的，是「同」；不相同的事物表面上看來不同，是「異」，但實際上也是相互連繫的，也是「同」。因此，「同」也是「同」，「異」也是「同」，「同」和「異」沒有本質的區別，都是一樣的。他們還提出大一和小一的概念，探討宇宙的無限大和無限小問題，無論大和小，都是一。公孫龍學派強調名詞概念的相互區別，認為一個概念只能指一個事物，而不能既指這一事物，又指另一事物，否則就會產生邏輯混亂。如「堅白石」「雞三足」「火不熱」「目不見」「狗非犬」等，基本上都是探討一般與個別、主觀感覺與事物屬性等方面的關係問題。

名家以其凌厲的論辯、細緻入微的分析著稱於世，和儒、墨、道、法、陰陽等家並列為當時「顯學」。但由於名家學派的許多命題違背常識情理，並且探討的都是抽象的名詞概念和思維邏輯，較難為人眾所接受，因此，秦朝以後逐漸衰落。

名家之祖——鄧析

鄧析反對不許民知爭端和禁止民有爭心的禮治，主張刑名之治，《漢書·藝文志》把鄧析列為名家第一，所以他也被譽為「名家之祖」。鄧析著有《鄧析子》兩篇，但該書已失傳，今本《鄧析子》也是隋唐時抄寫編綴的偽作。但我們現在可以透過《呂氏春秋·離謂》來了解鄧析的生平和言論。

鄧析善於利用「刑名之辯」開辦訴訟活動，並教人訴訟的技巧和議政的方法。比如，子產禁止議論時政，他就教人

們張貼「縣（懸）書（張貼公開信）」批評朝政，禁止「縣書」時則寫信「致書（送意見書）」，禁止「致書」則「傳書」（把信夾在包裹裡送出），新的方法有批評朝政之實卻並不違反已有的禁令（名）。這反映了鄧析認為，名必須具有確定性和名實必須一致的邏輯思想。

《公孫龍子》

《公孫龍子》，先秦名家典籍。作者公孫龍，戰國時期趙國人，先秦時期哲學家、思想家，名家代表人物，曾在平原君處做門客，善辯論，曾與孔穿、鄒衍等人進行過辯論。《公孫龍子》原有十四篇，今僅存六篇，分別是〈跡府〉、〈白馬論〉、〈指物論〉、〈通變論〉、〈堅白論〉、〈名實論〉。

該書體現了公孫龍的哲學思想和邏輯學觀點。該書中心內容是「堅白石」的唯心主義思想、「白馬非馬」的形上學思想以及以正名理論為核心的邏輯學思想。在「堅白石」思想中，公孫龍認為石頭是不能同時擁有堅和白這兩個特性的，堅和白只不過是與石頭彼此分離，獨立存在的意識實體。而「白馬非馬」和正名理論都是公孫龍運用其邏輯思想，對事物的內涵和外延、個別與普遍進行的解釋。《公孫龍子》是研究公孫龍哲學觀點和邏輯思想的重要史料，也是研究名家學派的主要參考文獻。

白馬到底是不是馬

「白馬非馬」是公孫龍提出的一個辯題。據說，有一次公孫龍騎馬過關，但是按照慣例，此種情況下馬是不能過關的。公孫龍卻堅稱自己騎的是白馬，而不是馬，經過一番雄辯，官吏無言以對，便放公孫龍與馬一同過關了。「白馬非馬」的論調看似荒謬，在邏輯學上卻有著重要意義，試看公孫龍是如何展開他「白馬非馬」的論述的。

白馬非馬

首先，公孫龍指出「白馬」與「馬」的概念不同。「馬」是從形體上來命名的，而「白（馬）」則是從顏色上來命名的，因而「白馬」與「馬」不能相等同。接著，公孫龍又說「白馬」與「馬」的概念外延不同。如果說「馬」的話，那麼黃馬和黑馬都可以；而如果說「白馬」的話，那麼黃馬和

黑馬則不可以。假使說「白馬」就是「馬」的話，那樣就不會有這種差異了。

其次，公孫龍又從物與其屬性的角度來辯論。「白馬」是馬的形體，加上馬的顏色，因此「白馬」與「馬」是不同的。公孫龍還採用反證法來論說自己的觀點：「白馬」不同於「黃馬」，也就區分了「黃馬」與「馬」，這樣「黃馬」就不是「馬」了；那麼同理，再說「白馬」是「馬」不就自相矛盾了嗎？

最後，公孫龍說，平時人們之所以把「白馬」叫做馬，是因為人們暫時拋開了「白」這個因素，僅取「馬」這種因素來稱呼；有「馬」，僅僅是就馬的形體而言的，而不能將馬的白色也叫做「馬」，這實際上也是圍繞事物的本身與其屬性來做文章。

當然，不論公孫龍如何能言善辯，「白馬非馬」是一個錯誤的邏輯，其關鍵之處在於混淆了事物個與類的關係，分裂了事物的個別屬性與其總體範疇。要知道，事物的共性存在是以個別性存在為基礎的，拋卻了事物的個別性存在，也就不會有事物的共性存在，如此一來，事物將無以為名，事理也就全部混亂了。「白馬非馬」論所體現的是一種典型的詭辯邏輯。雖然這個論題本身是錯的，但是可以從某些方面帶給人思維上的啟發，這也是此論很受人們關注的原因所在。

存在既「堅硬」又「潔白」的石頭嗎

「堅白石」是公孫龍提出的哲學觀點。公孫龍寫過一篇《堅白論》，文中提到了一塊堅硬而潔白的石頭。這塊石頭是由石性、堅質、白色三個要素構成的，應該說「堅白石三」，但公孫龍並不認同這一觀點。他認為「堅」和「白」是相互分離的，任何情況下，這塊石頭只能存有兩個要素，或者「石」與「堅」存在，或者「石」與「白」同在，不可能有「石」與「堅」、「白」同時存在的情況。因而，他否定「堅白石三」的說法，代之以「堅白石二」的觀點。

他提出這一觀點後，大家都十分困惑，為什麼一塊石頭的兩個屬性——「堅硬」和「白色」是相互分離的呢？為什麼它們不能同時存在呢？

公孫龍是這樣闡釋的：一塊石頭，用眼睛無法看到它的堅硬，只能看見它的白色，堅硬便不存在；用手觸摸不到它的白色，只能感受到它的堅硬，白色就不存在。這就是所謂的「離」。因為看和摸的結果不同，石頭的屬性也就各自藏匿，這樣一來，堅硬與白色這兩種屬性就分離開了，以此為論據證明他提出的命題的正確性。

這種認知方法否認了事物各個概念之間的連繫，強調了事物內部屬性的差異性。實際是承認事物的抽象屬性可以脫離具體事物而獨立存在，斷除了一般和個別的連繫。

其實，石頭的三個要素是客觀存在的，「堅硬」和「白色」兩個基本屬性並非各自分離藏匿。公孫龍提出的命題過分強調了感知的作用，不能因為眼睛感覺不到石頭的「堅硬」，就認為其堅硬屬性就不存在了；也不能因為手感覺不到石頭的「白色」，就認為其白色屬性不存在了。這種認知方法具有片面的主觀色彩。

飛鳥之景，未嘗動也

今天我們物理上所說的移動與靜止，很早就出現在先秦名家的論辯命題中。該命題是戰國後期辯者所提出的「二十一事」之一，見《莊子·天下》篇。景，影也。此命題意為正在飛行的鳥，它的影子未曾移動過。《列子·仲尼》篇載公孫龍亦說「有影不移」，「影不移者，說在改也」。一說此題揭示光與影的關係。影本身不是實體，影的形成是由於光線的遮蔽，「光至則影亡」（《墨經·經下》）。隨著飛鳥的移動，此處的光線失去遮蔽而「影亡」，彼處的光線被遮而形成另一新影，結果則為舊影不斷消失和新影不斷構成，而且所亡之舊影，「它雖然看不見，卻依然在原處」（胡適《先秦名學史》），所以並非影在移動。晉司馬彪云：「鳥動影生，影生光亡。亡非往，生非來。」故「飛鳥之景，未嘗動也」。另一說認為此題涉及運動的本質。運動的物體在整個時間軸的某一瞬間，必處於空間的某一位置。將飛鳥經過的時間分割成無數個瞬間，飛鳥經過的空間也相應被分割成無數個點，在每個點上飛鳥都是靜止的，於是其影子也可說未嘗移動。

一尺之棰，日取其半，萬世不竭

該論辯命題出自《莊子·天下》篇。這裡所論證的是有限和無限的關係。棰，木棍；竭，盡。這句話的意思是，一尺長的木棍，每天分取其一半，永無分完之時。司馬彪云：「若其可析，則常有兩；若其不可析，其一常存，故日萬世不竭。」兩，兩端。其意為該段只要存在兩端，就可分割，除非只存一端（點）；但任何長度都有兩端，故可永遠分割下去。由於一尺是有限的長度，而分割是無限的，故該命題表述了有限之中包含無限，有限與無限相互統一的辯證思想。此命題是針對惠施「小一」提出的反論。因事物可無限分割，故不可能存在「至小無內」。

丁子有尾

此詭辯命題載於《莊子·天下》篇。對於此論題的理解，一般採用唐成玄英的說法，將「丁子」解釋為蝦蟆，曰：「楚人呼蝦蟆為丁子。」《埤雅》亦云：「蝌蚪一名丁

子。」由於蝦蟆是從有尾的蝌蚪脫去尾巴演化而來，那麼，蝌蚪無尾即為蝦蟆，故可以稱蝦蟆為無尾的蝌蚪；同理，蝌蚪亦可稱為有尾的蝦蟆。所以，稱「丁子有尾」。一說此論題旨在表示生物進化之義，生長後期的蝦蟆是由前期的蝌蚪進化而來，因其前期有尾，故可稱「丁子有尾」。

三科四呈

這是戰國時尹文提出的名法分類學說。三科，名所分的三種；四呈，呈即程，法所分的四類。見《尹文子·大道上》:「名有三科，法有四程。一曰命物之名，方圓黑白是也；二曰毀譽之名，善惡貴賤是也；三曰況謂之名，賢愚愛憎是也。一曰不變之法，君臣上下是也；二曰齊俗之法，能鄙同異是也；三曰治眾之法，慶賞刑罰是也；四曰平準之法，律度權量是也。」尹文之「三科」雖顯粗疏，但是首次對名進行的分類。三科以名所指稱的對象類型為標準，此與其他名辯家以名自身性質分類不同。他將名、法並稱，顯示其有重形名法術的思想傾向，而與惠施、公孫龍等名辯家的旨趣頗有差異。

天與地卑，山與澤平

該詭辯命題見《莊子．天下》篇。又稱「山淵平，天地比」（《荀子．不苟》）。卑，有齊、比之義，這一命題的意思是天與大地相齊，山與湖泊高度相同。所論證的中心為高者與低者同一。注家或認為，從宇宙的「大一」一觀天地山澤，則都很低，於是在「低」這點上天地山澤同一。如晉李頤曰：「以地比天，則地卑於天；若宇宙之高，則天地皆卑。天地皆卑，則山與澤平矣。」陸德明《經典釋文》解釋為，高與低是相對的，沿地平線看，地與天齊；在高原上，湖泊或比其他山為高。林希逸《莊子口義》云：「天雖高，地雖卑，而天氣有時下降，則亦為卑矣……山高於澤，而澤之氣可通於山，則山與澤平矣。」

無厚不可積也，其大千里

「無厚」最早由春秋時鄧析提出，「其論『無厚』者，言之異同，與公孫龍同類」（劉向《校上鄧析子敘》）。後由惠施繼承發揮，曰：「無厚不可積也，其大千里。」（《莊子．天下》）這是戰國時期的辯者經常辯論的重要問題，今本《公孫龍子》不見無厚之論，其無厚篇或在其亡佚八篇之中。因辯者當時的證明過程無法考證，所以後人對「無厚」的理解也多有分歧。有人從惠施提出的「小一」認識無厚，

「無厚即小一也」，小一為無限小，為無形之有，「淪於無形，則充虛相移易」（顧實《莊子天下篇講疏》），因小一是無窮盡的，充盈於虛空，故其大千里。有人認為無厚是有與無的臨界，晉司馬彪說：「物言形為有，形之外為無，無形與有，相為表裡。故形物之厚，盡於無厚。」《莊子·養生主》：「而刀刃者無厚。」刃，刀之極薄而趨於無之處。晉魯勝亦云：「明分莫如有無，故有無厚之辯。」（《墨辯注序》）現代人則多以平面幾何中的面積概念來理解無厚，因為只有長寬兩個維度，沒有厚度，但大則可至千里。這一說法合情合理，但不知是否為惠施原來的意思。

犬可以為羊

這一詭辯命題見《莊子·天下》篇。傳統解釋從名是人為確定這一角度出發，事物並無先天固有的名，「名無固實，約之以命實，約定俗成，謂之實名」（《荀子·正名》）。假若人們最初命名時，將犬羊互易，則「犬可以為羊」。如宣穎云：「犬羊之名皆人所命。若先名犬為羊，則為羊矣。」（《莊子集解》引）另有一說云，可從犬羊的共類來解釋：犬為「四足獸」，羊亦為「四足獸」，則犬等於四腳獸，四腳獸等於羊，故「犬可以為羊」。這體現了「合同異」派的觀點。總之，該命題的詭辯色彩較濃。

第八章
巧舌如簧的縱橫家

「合縱」和「連橫」

「合縱」與「連橫」，指的是戰國時期各國之間為了配合自己的軍事行動和捍衛自身的國家利益，根據隨時變化的政治形勢所採取的兩種不同的外交策略。

《韓非子·五蠹》言：「縱者，合眾弱以攻一強也；橫者，事一強以攻眾弱也。」意思是，「縱」為聯合各個弱國去攻擊一個強國，「橫」為侍奉一個強國去攻擊眾多弱國。到了戰國後期，由於秦國獨強，實力遠遠超過了其他各諸侯國，「合縱」主要指東方六國聯合以共同抵禦西方強大的秦國；而「連橫」則是秦國所採取的外交方略，是秦國為了瓦解東方各諸侯國的「合縱」策略，令六國聯盟分崩離析，從而達到將六國各個擊破的目的。

這兩種策略相互頡頏（ㄒㄧㄝˊ ㄏㄤˊ），造就了一批叱吒風雲的縱橫家，張儀和蘇秦是其中最為傑出的代表。東方各諸侯國之間因為有著明顯的利益分歧，面對日益強大的秦國，只圖眼前的一時利益，而缺乏長遠的打算，並不能真正地聯合一心，使「合縱」策略始終沒有被好好執行。結果是秦國的「連橫」策略占據上風，最終六國相繼覆滅，結束了長達數百年的諸侯紛爭，秦國實現了天下的統一。

早期的外交家 —— 縱橫家

縱橫，即合縱連橫，先秦學派之一，以從事政治外交活動為主，《漢書．藝文志》將其列為「九流」之一。

戰國時期，群雄並起，爭奪霸主之位，為了適應諸侯兼併的戰爭形勢，形成了一個以政治遊說為特點的謀士集團，即縱橫家。戰國後期，秦國強大，地處西部；齊、楚、燕、趙、韓、魏六國弱小，地處東部及南北各地。中國以南北為縱，以東西為橫。六個弱國聯合，從地理位置講是南北聯合，所以稱「合縱」；強秦拉攏弱國，從地理位置講是東西聯合，所以稱「連橫」。「合縱」理論最先由魏相公孫衍倡導，以蘇秦為代表；「連橫」計策最早為張儀所實施。

縱橫家之祖為鬼谷子，戰國時人，因隱於鬼谷而得名，相傳蘇秦、張儀、孫臏、龐涓均為其弟子。其後習鬼谷縱橫術者甚多，著名者如甘茂、司馬錯、樂毅、范雎、蔡澤、鄒忌、毛遂、酈食其、蒯通等，均為風雲人物。

縱橫家的智謀、思想基本上是當時處理外交問題的最好辦法。首先，在遊說過程中，縱橫家對現實要有清晰的認知，確定連橫的對象，然後知諸侯為人而定說辭。其遊說之法，或抑或揚，或抑揚相合，或先抑後揚，或先揚後抑，諸法只要對症必能收效。其次，在遊說過程中，須察言觀色，伺機而動。察其對己之關係是同是非，同則繼續，非則補。

而後或以利誘，或以害說，探其實情，此為遊說最主要的方法之一。最後，以揣摩之術察其內心，然後快速做出決斷。縱橫家的人物皆為雄辯之士，他們中的大部分人出身卑賤，卻能以三寸之舌攪動風雲、布局謀篇。

秦始皇統一六國後，兼併戰爭結束，「合縱連橫」學說也就偃旗息鼓了。但作為一種社會思潮，它的長處在於「言其當權事制宜，受命而不受辭」。倘若「邪人為之，則上詐諼而棄其信」，就不足稱道了。縱橫家的論著，今存《鬼谷子》十三篇、《戰國策》三十三篇，另有《蘇子》三十一篇、《張子》等。這些著作言論精妙，有些已從單純的外交領域走進了更廣泛的社會生活，對今天的世界格局也有一定的借鑑意義。

縱橫家的傑出代表——張儀

張儀，魏國貴族的後裔，曾和蘇秦同在鬼谷子門下學習縱橫之術，是戰國時期著名的政治家、外交家和謀略家。

秦惠文王九年（前三二九年），張儀憑藉出眾的才智被秦惠文王奉為客卿。次年，秦國仿效三晉的官僚機構開始設置相位，稱「相邦」。張儀便成為秦國的第一任相邦，從此開始了他的政治外交生涯。

張儀拜相後，積極為秦國建言獻策，籌劃全局。一方面，他採用連橫策略迫使韓國和魏國的太子到秦國朝拜，並和公子華率軍攻打魏國蒲陽；另一方面，他遊說魏惠王，不費一兵一卒讓魏國將上郡的十五個縣獻給秦國。秦惠文王十三年（前三二五年），張儀又率軍攻占了魏國的陝縣，據此占有了黃河天險的有利位置，秦國國力逐漸強盛起來。

為了達到兼併魏國國土的目的，在秦惠文王更元二年（前三二三年），張儀再次運用連橫策略，和齊國、楚國的大臣會於嚙桑，消除了秦國東進時潛在的威脅。但遺憾的是，當張儀從嚙桑回到秦國時，卻遭誣陷被免掉了相位。後來，張儀出任魏相，但好景不長，又遭到排斥。兩年後，張儀再次出任秦國相邦，和司馬錯等人率兵伐蜀，取得勝利後，隨即消滅了巴、苴兩國，使秦國占據了富饒的天府之國，為秦國經濟和軍事的發展提供了穩定的後方基地。

隨著秦國勢力的強大，秦惠文王把攻伐矛頭指向了強大的齊國，但又擔心齊、楚結成聯盟抗秦。於是，他派張儀去遊說楚懷王。張儀利誘楚懷王說：「楚誠能絕齊，秦願獻商、於之地六百里。」楚懷王為其利誘所動，聽信了張儀的話，於是和齊國斷絕關係，並派使者入秦受地。張儀對楚國使臣說：「儀與王約六里，不聞六百里。」楚國使臣回國把張儀的話告訴了楚懷王，楚懷王惱羞成怒，興兵攻打秦國。第二年，秦軍大敗楚軍於丹陽，虜楚將屈丐等七十多人，攻

占了楚的漢中，改設為漢中郡。從此，秦國的巴蜀與漢中連成一片，既消除了楚國對秦國的威脅，又拓展了秦國的疆土，國力更為強盛。《史記·張儀列傳》中稱讚道：「三晉多權變之士，夫言從橫強秦者，大抵皆三晉之人也。」

後來，惠文王更元十四年（前三一一年），張儀又前往楚、韓、趙、齊、燕等國進行遊說，說服了五國連橫事秦。同年，張儀因功得五邑，封號為武信君。秦武王元年（前三一〇年），張儀去世。張儀以他的智慧和謀略馳騁於戰國群雄的戰場上，書寫了他傳奇的一生。

錐刺股的蘇秦

蘇秦，字季子，戰國時期韓國人。他是與張儀齊名的縱橫家，出身貧寒，但胸中素有大志。他年輕時，由於學問不深，曾到好多地方做事，都不受重視。回家後，家人對他也很冷淡，瞧不起他。這很是刺激他，所以，他決心發憤讀書。他常常讀書到深夜，一打瞌睡，就用錐子往大腿上刺一下。疼痛使他瞬間清醒，再堅持讀書。後來他隨鬼谷子學習縱橫捭闔之術，學問見長。

錐刺股的蘇秦

他曾經去秦國，但未被重用。此時正好趕上燕昭王廣招賢士，蘇秦便成了燕國的謀士，並深受燕昭王信任。燕國與齊國有宿怨，燕昭王一心想報仇，而蘇秦認為對付強大的齊國，只可智取不可強攻。首先，他勸服燕王先向齊表示屈服和順從，以贏得振興燕國所需的時間。其次，他鼓動齊國不斷進攻其他國家，削弱其戰鬥力。為此，他勸說齊王伐宋，合縱攻秦。公元前二八五年，蘇秦隻身來到齊國，挑撥齊、趙關係，並取得了齊愍王的信任，被任為齊相，可他暗地仍在為燕國謀劃。不了解真相的齊愍王，任命蘇秦率兵抵抗燕軍。在齊、燕兩國軍隊交戰時，蘇秦設法使齊軍失敗。蘇秦利用權謀使齊國群臣不和，為後來燕國將領樂毅率領五國聯軍攻破齊國奠定了基礎。

後來，蘇秦又說服趙國聯合韓、魏、齊、楚、燕攻打強秦，蘇秦得到了趙國的幫助，並四處遊說。各國諸侯們都欣賞這一計劃，於是六國結成聯盟，蘇秦為縱約長，出任六國相。回到趙國後，趙王封他為武安君。秦國得知這一消息後大驚，此後十五年裡，秦軍再也不敢東向。

在為燕謀劃時，為了拆散齊、趙聯盟，蘇秦先使齊廣樹仇敵，再勸齊王攻打宋國。公元前二八六年，齊滅宋，但齊國的國力也日益衰落。由於奉陽君向齊索要封邑，導致齊、趙關係出現裂痕。蘇秦在齊國受到貴族們的忌恨，他們派刺客暗殺蘇秦，使其重傷而亡。蘇秦死後，燕、趙、魏、秦、韓五國聯合，在燕將樂毅的帶領下大舉攻齊，攻陷了齊國七十餘座城池，齊王被殺。雖然齊國後又奪回國土，但國力大衰，從此一蹶不振。而燕、趙、魏、秦四國之所以發動這場戰爭，幾乎是因蘇秦生前活動所致。蘇秦的兩個弟弟蘇代和蘇厲也是當時著名的縱橫家。

范雎的仕途生涯

范雎，字叔，戰國時期魏國人，是著名的政治家和軍事謀略家。他曾擔任秦國丞相，為秦國實現統一大業立下了汗馬功勞。公元前二六六年，滿懷抱負的他出任秦相，輔佐秦昭王，上承孝公和商鞅變法的圖強之志，下開秦始皇帝王偉業，成為秦國歷史上承前啟後的一代名相。李斯在《諫逐客書》中高度評價范雎：「昭王得范雎……強公室，杜私門，蠶食諸侯，使秦成帝業。」

范雎當初想為魏國建立功業，因家境貧寒而無法見到魏王，於是拜投中大夫須賈門下當門客。魏昭王讓須賈出使齊國，范雎隨行，他憑藉雄辯之才深得齊王敬重。齊王欲留他任客卿，贈予黃金十斤，牛、酒等物，但都被范雎謝絕。須賈回國之後，不僅沒有讚揚范雎的高風亮節，反而向相國魏齊誣告他私受賄賂，出賣國家情報。魏齊對他嚴刑拷打，范雎裝死才逃過一劫。他逃回家之後，托好友鄭安平將自己藏匿起來，並化名張祿，讓家人舉喪，使魏齊對他的死深信不疑。

半年後，秦昭王派使臣王稽訪魏。鄭安平設法讓范雎與王稽會面。交談之後，王稽發現范雎是少有的人才，於是將他和鄭安平帶回秦國。時值秦昭王三十六年（前二七一年），秦國的國力逐漸變強，但朝政被昭王生母宣太后、舅舅穰侯魏冉，和兩個弟弟涇陽君、高陵君所把持，他們都不大歡迎來自他國的賓客和辯士。王稽雖經過多方努力，但范雎仍然得不到昭王的召見。無奈之下他只能強忍焦躁，等待時機。

一年之後，穰侯魏冉為擴大自己封地，欲率兵經韓、魏攻打齊國。范雎抓住這一良機上書昭王，請求與之面談。昭

王把他接入宮中。范睢指出秦國內政的弊端，即宣太后和穰侯權力過大，昭王身居深宮，無法辨明是非善惡。范睢的慷慨直言得到了昭王的信任，於是當即表示，今後無論大小事，讓范睢儘管直言相告，不要有任何顧慮。第二天，范睢被拜為客卿，隨即獻上遠交近攻之策。

范睢受到秦昭王的支持，權力很大。他先是威脅魏國交出須賈，報了被誣陷而遭毒打之仇，然後又指揮秦軍東征西討，擴大了秦國疆域。但他又為一己私利而逼死了武安君白起，並且任人唯親，最終只得被迫引退。

樂毅的不凡人生

樂毅，中山靈壽（今河北平山）人，是戰國後期傑出的軍事家和謀略家。他曾拜燕國上將軍，受封昌國君，輔佐燕昭王振興燕國。因為他年少聰穎，喜好兵法，所以深得趙人的推崇。後來，燕昭王被齊國強攻因而慘敗，即便如此，仍時刻不忘報仇雪恨，於是廣招人才。樂毅被燕昭王的誠意所動，答應委身為臣。當時的齊國非常強大，但齊愍王的驕橫自恣，加上對內欺民而失其信，對外結怨於諸侯，造成齊國政治局勢不穩，形勢逐漸惡化。燕昭王認為時機成熟，欲興兵伐齊，於是與樂毅商討此事，樂毅說：「齊國地廣人多，根基很深，且善於攻戰，與之對抗我們很難取勝。要想贏得勝利，必須聯合楚、魏、趙、韓等國，使齊國陷入孤立之境。」燕昭王接受了樂毅的建議，派樂毅去趙國遊說趙惠文王，相約攻齊。當時各國都因厭惡驕暴的齊愍王，聽說要聯兵伐齊，欣然加入抗齊隊伍。

樂毅返燕後，率全國之兵，會同趙、楚、韓、魏、燕五國之軍興師伐齊。齊愍王聽說之後，親率齊軍迎於濟水之西。樂毅親臨前敵，齊愍王大敗，率殘軍逃回齊國都城臨淄。樂毅遣還遠道而來參戰的各諸侯國軍隊，親自率領燕軍直搗臨淄。樂毅率燕軍乘勝追擊齊軍至齊都臨淄。齊愍王見都城臨淄孤城難守，遂率少數臣僚逃往莒城固守。樂毅連戰連勝，燕昭王大為欣喜，將昌國城封給樂毅，號昌國君。樂毅一鼓作氣，率燕軍在不到半年的時間裡連克齊國七十餘城，除聊城、莒城、即墨三城頑強抵抗未能攻下外，其餘全部納入燕國版圖，燕國進入鼎盛時期。面對三座城池的反抗，樂毅認為單靠武力不足以攻陷，所以對這三城圍而不攻，而對已攻取的地方則輕徭薄賦，尊重當地風俗習慣，想從根本上瓦解齊國。但他的這一做法遭到了誣陷。有人向即位的燕惠王獻讒言，說樂毅能在短時間攻下齊國七十餘城，但唯獨聊城、莒城和即墨久攻不下，其實是想藉機贏得齊人之心，為他叛變自立做準備。本多猜忌的燕惠王聽信了這一言論，下令騎劫去齊國接替樂毅。樂毅深知燕惠王聽信了謠

言，於是決定投奔趙國。趙惠文王見樂毅歸趙，封他於觀津，號望諸君。

樂毅奔趙後，燕軍一反原來的策略部署，而施以暴政，這激起了齊國軍民的強烈反抗。田單率軍收復齊國所失之城邑，將燕軍逐出了齊境。燕惠王後悔派騎劫代替樂毅，但又害怕趙國乘機進攻燕國，於是派人向樂毅道歉。樂毅慷慨地寫下了著名的《報燕王書》，書中表明了自己的一片忠心，駁斥了燕惠王對自己的種種責難和誤解，並以伍子胥的歷史教訓申明了自己的抗爭精神。儘管樂毅遭到不公，但他並沒有因個人得失而勸說趙國伐燕，而是居於趙、燕兩國之間，致力於兩國的往來交好，最終卒於趙國。

謀略家甘茂

甘茂，生卒年不詳，楚國下蔡人（今安徽鳳臺），秦國名將、謀略家，是秦惠文王、武王、昭王三朝的重臣。甘茂早年曾事下蔡史舉先生，學習諸子百家的學說。他透過張儀、樗裡子得以見到秦惠文王，惠文王非常欣賞甘茂，遂任他為將。惠文王死後，武王即位，甘茂平定蜀亂，升任為左丞相。秦武王三年（前三〇八年），武王對甘茂說：「若能通三川、窺周室，死而無憾。」甘茂知其意，便請命願攜向壽去魏，約定伐韓事宜。甘茂到魏之後，對向壽說：「你去跟武王講，讓武王暫勿伐魏。」向壽回秦，將事情如實報告給武王。武王後來詢問其中緣故，甘茂說：「宜陽是韓的大縣，上黨、南陽守備森嚴，相當於一個郡。現在大王若要攻打它，很難取勝。起初張儀拓展疆域，天下的人卻不推崇他，反而誇獎大王。我只是寄居秦的客卿，樗里子和公孫奭二人若和我爭議，我將受到韓相公仲侈的埋怨。」武王說：「我不聽信他們的話，和你立約為誓。」最後終於使甘茂率兵攻打宜陽。五個月之後尚未攻下，樗里子與公孫奭提出異議。武王想召回甘茂，罷兵不攻。甘茂提起當時的息壤之盟。武王只好發動國內軍隊支援，最終攻下了宜陽。

甘茂

宜陽的勝利打通了去往周的道路，秦武王在洛陽舉鼎絕臏而亡，他的弟弟昭王即位。這時楚懷王因記恨先前被秦國打敗之時，韓國不曾出手相救，因而發兵圍攻韓，韓國便遣公仲侈向秦國告急，秦國並沒有出兵。於是公仲侈便透過甘茂向昭王遊說，甘茂向昭王分析了當前形勢，使昭王了解到，與其坐而待伐不如先下手為強。於是他接受建議，發兵救韓。這時的秦國雖然已經很強大，但在聯韓攻楚或聯楚攻韓等問題上僵持不下。在紛爭之中，甘茂漸占上風，這引起了向壽和公孫奭的忌恨。他們向昭王進獻讒言，甘茂懼怕，便停止攻打魏國，打算逃往齊國。

甘茂在前往齊國途中遇到了蘇代，蘇代這時正為齊國出使秦國。甘茂請蘇代幫自己在齊王面前說好話，以得到齊王重用。蘇代先是面見秦昭王，向他誇讚甘茂之賢能，並說若是甘茂得到齊國重用，將對秦國很不利。秦昭王被說動了，於是想要拜甘茂為上卿，並遣使攜相印到齊國迎甘茂，但被甘茂拒絕了。蘇代又到齊王面前說，甘茂是位賢能的人，現在秦王要迎他為相。但他受了大王的恩惠，願做大王的臣子，因此回絕了秦王。齊王一聽，立刻安排甘茂做了上卿。

齊王派甘茂出使楚國，此時楚懷王剛與秦國聯姻，秦王聽說甘茂在楚國，就派人表示希望送甘茂回秦國。楚懷王向范環請教是否可使甘茂為秦相，范環並不贊同。他認為甘茂的確有才能，但萬不可送他回秦國為相。秦國任用賢能的丞相反而會不利於楚國；向壽倒是不錯的人選。於是楚王便向秦王薦舉了向壽為相，而後甘茂出使魏，最終死於魏國。

《鬼谷子》是一部怎樣的書

《鬼谷子》是中國古代一部專門研究社會政治鬥爭和謀略權術的書，相傳為王詡著，實為後人根據其言論整理而成。該書成書於先秦時期，共有十四篇，其中第十三、十四篇已失傳。

《鬼谷子》一書主要圍繞談判遊說活動展開，講述了身為弱者的縱橫家們是如何運用謀略、口才遊說各諸侯國君主的。由於其中涉及大量謀略問題，與軍事問題相通，也被稱為兵書。

一部《鬼谷子》，卻含有大量謀略術、知情術、決策術、遊說術、用人術等，是研究社會政治鬥爭、謀略權術的智慧之書，可引導讀者在社會競爭中「以智取勝」。直到今日，在現實生活中，研讀《鬼谷子》也是很有意義的。

縱橫家言論的彙編——《戰國策》

《戰國策》，又名《國策》。此書是戰國時期縱橫家言論的彙編，是戰國時期謀士遊說的活動紀錄。關於其作者，一

直以來頗有爭議，至今尚無定論。今人普遍認為該書非成於一時一人之手，《戰國策》最後的整理工作是由西漢劉向完成的。劉向認為書中內容主要是「戰國時游士輔所用之國為之策謀」，故取名《戰國策》。

《戰國策》共三十三篇，其中，西、東周各一篇，秦五篇，齊六篇，楚、趙、魏各四篇，韓、燕各三篇，宋衛一篇，中山一篇。《戰國策》全書的思想是，肯定戰國時期謀臣、策士追求個人名利的利己主義人生觀，主要內容為「士」的言論。但《戰國策》在記事時不注年月，缺少完整的結構，記言記事時也不夠嚴謹，有時為了塑造某一人物形象或為加強語言的文采，有言過其實之處，甚至虛構部分內容。《戰國策》中記載的很多歷史是其他史書沒有記載或記載有誤的，對於研究戰國時期的歷史具有寶貴的史料價值。

第九章
妙手回春的醫家

醫家，也稱方技家，於先秦至漢初成形，主要研究養生和醫藥，以醫學為理論基礎。中國醫學理論最早在公元前五世紀後半期形成，到三世紀中期基本奠定。這一時期中國成功從奴隸社會過渡到封建社會，社會制度的變革不僅使得經濟、科學、文化等方面有所發展，而且促進了中國傳統醫學的進步，先後湧現出了如扁鵲、華佗、張仲景等名醫。他們懸壺濟世，治病救人，對後世影響深遠。

中醫的起源

中醫起源於夏商先民歷來的實踐經驗，到原始社會末期，中醫已具雛形。但由於缺乏文字記載，只留下了一些傳說，其中最為著名的就是神農嚐百草和伏羲制九針。根據這種說法，神農和伏羲分別是中藥學和針灸學的開創者。

灸熨、針灸和湯藥是中醫的三大基本治療方法。灸熨源自人們對火的應用，針灸源於對石器的使用，而湯藥則是從尋找食物的過程而來。這些在初始階段都是偶然發現的，後來逐漸發展為一種確定的知識，形成了中醫發展的源頭。上古時期，人們對自然的了解程度尚處矇昧，因此巫術盛行，而疾病的治療更是與巫術密切地結合在一起。所以當時巫、醫為一職，而最初的中醫知識也於此時形成，在甲骨文中已經有了病名的記載。進入周代，出現了專業的醫師，並且醫學開始分科，也建立了醫政制度。到先秦時期，隨著一批醫學大家和醫學經典著作的出現，中醫進入全面成熟的階段。

中醫的十大流派

中醫歷史源遠流長，在長期的發展過程中形成了多種流派，其中主要有十個派別。

醫經學派：以研究古代醫學經典的基礎理論為主。古代記載的醫經有七家，但是僅有《黃帝內經》流傳下來，對《黃帝內經》的研究也奠定了中醫學理論的基礎。醫經學派的著名人物與其代表作品有扁鵲與《難經》、華佗與《中藏經》、皇甫謐與《針灸甲乙經》、全元起與《內經訓解》、楊上善與《黃帝內經太素》、王冰與《補註黃帝內經素問》、吳琨與《素問吳注》、張介賓與《類經》等。

經方學派：「經方」即經驗方。宋代以後因為張仲景的《傷寒雜病論》被尊為經典著作，所以「經方」就用來專指《傷寒雜病論》中記載的「經典方」。經方學派明清時最盛，代表人物有方有執、柯琴、徐大椿、喻嘉言、張錫駒等。

傷寒學派：專門研究張仲景的《傷寒論》和《傷寒雜病論》中有關傷寒論的一部分內容。形成於晉代，綿延至清代，著名人物有王叔和、孫思邈、巢元方、王燾、龐安時、常器之、郭雍等。

河間學派：由金代河間人劉完素開創，以闡發火熱病機為中心內容，擅長運用寒涼的治療手法。河間學派在發展過程中又衍生出攻邪學派和丹溪學派。

攻邪學派：以金代張從正為代表，強調「病由邪生，攻邪已病」的學術思想。在繼承了河間學派善用寒涼的特點之外，又發展出了用汗、下、吐來驅邪的方法，這種方法也影響到後來的溫病學派。

丹溪學派：以元代朱震亨為代表，因其家鄉有一條溪流叫丹溪，所以人們稱其為丹溪先生。朱震亨是河間學派劉完素的第三代弟子，繼承河間學派的同時，在醫學理論上把外感火熱引向內傷火熱，主在闡發滋陰降火。朱震亨之後，丹溪學派中最有成就的人物為戴思恭、王履、王綸和徐彥純。

易水學派：創始人為金代易州人張元素，以研究臟腑病機為中心內容，在診斷和治療臟腑病症方面建立了較有系統的理論和方法，也為溫補學派的建立奠定了基礎。張元素的弟子李杲和王好古後成為易水學派的中堅人物。

溫補學派：這一學派以研究脾腎及命門水火的生理特性及其病理變化為中心內容，進一步發展了易水學派的臟腑病機學說。形成於明代，薛己是此派的先導，主要人物有孫一奎、趙獻可、張介賓、李中梓等。

溫病學派：由傷寒學派與河間學派派生，以研究和治療溫熱病而著稱，又稱為「瘟疫學派」。清代中晚期，葉天士、吳鞠通、薛生白、王孟英等溫病學派的代表人物創建了衛氣營血辨證和三焦辨證的理論，為豐富中醫學理論做出了重要貢獻。

匯通學派：明末清初開始出現，持中西醫匯合融通的觀點。代表人物有汪昂、金正希、王學權、朱沛文、唐宗海、張錫純等，這一學派開啟了現代中西醫結合的先聲。

「岐黃之術」

中醫理論又被稱為「岐黃之術」或「岐黃之道」。與之相關的詞語還有「岐黃家」，指以中醫給人治病的醫生或醫學家；「岐黃書」，指有關中醫理論的著作；「岐黃業」，指中醫行業。

為什麼「岐黃」是中醫的代名詞呢？相傳黃帝時期，中醫理論經過長期的總結和臨床實踐，已經取得了很大的成就。黃帝和他的臣子岐伯都是治病的高手，二人經常聚在一起探討中醫理論和養生之道。後來，他們的談話便被記載在《黃帝內經》裡。

《黃帝內經》約成書於春秋戰國時期，是中醫學公認的奠基之作。這部著作以「黃帝」和「岐伯」問答的形式，講解了很多中醫理論和養生之道，包括《素問》和《靈樞》兩

部分。《素問》以研究人體的生理、病理問題為主；《靈樞》主要講解針灸之術的要略，又被稱為「針經」。

《黃帝內經》以陰陽五行學說為基礎，強調治病於未然，把天人合一作為自己追求的境界。這部書對中華傳統文化的發展具有不可估量的影響。關於「內經」名稱的由來，說法不一。有人認為這是講人體內在規律的，有人認為是講內科，還有人認為「內經」是「內求」。但都表達了同一含義，那就是要想身體健康，就要注意內在的調理和生息。由於《黃帝內經》採用「黃帝」與「岐伯」問答的形式，古人為了表達對先祖的尊敬，就以他們名字的合稱「岐黃」來代指中醫學。以後「岐黃業」也就逐漸成了中醫的代名詞了。

什麼是「懸壺濟世」

「懸壺濟世」，古代讚頌醫者、道者救人於病痛。為什麼行醫叫「懸壺」？醫生為什麼要在自己藥店門前「懸壺」呢？

傳說歷史上有個叫「壺翁」的隱士醫生，經常在自己診治的地方懸掛一個壺作為行醫的標識。姓名已不可考，也有人說他叫謝元。他賣藥從不講價，醫治過的病人都痊癒了。他甚至能事先說出病人痊癒的時間，沒有不應驗的。每天行醫所得之錢達數萬，但他都分給了貧民。

相傳壺翁曾傳費長房岐黃之術。據《後漢書・方術列傳・費長房傳》記載：費長房經常看到一個老翁在市場上賣藥，懸掛一個壺作為標識。等到停市的時候，老翁就跳進壺裡，其他人都沒有看到，唯獨費長房在樓上喝悶酒的時候瞥見了。他料定此人絕非普通人，就帶上酒禮前去拜訪。老翁知道長房對他的神通感興趣，就對他說：「你明天來吧。」長房第二天去赴約，老翁請費長房到壺中一遊。只見裡面富麗堂皇，有各種美酒和佳餚，二人酒醉飯飽後才從壺中出來。過了一段時間，壺翁又找到費長房說：「我本神仙，因為犯了錯才到你們這裡賣藥，現在事情已了結，我也該回去了。你願意和我一起走嗎？如果不願意的話，樓下準備了些酒食，算是與你告別。」費長房聽後，一心想求道，就隨壺翁入深山。壺翁將一身技藝都傳授給了他。費長房藝成後，回到家鄉，能醫百病。

費長房

當然這只是神話傳說，歷史上是否真有「壺翁」尚待進一步考證。我們認為「壺翁」應該存在，其大概是東漢時期人，醫術高明，「懸壺」是他診病的標識。「壺」與「葫」同音，後世有人仿效，在藥鋪門前懸掛藥葫蘆。久而久之，「懸壺」就成了行醫的代名詞。

《黃帝內經‧素問》

《素問》原九卷，早散佚，後經修訂補編為二十四卷，共計八十一篇。大約成書於戰國時期，歷代醫學家不斷對其進行補充、修改，到西漢才逐漸完成，所以也有人認為它成書於西漢。關於本書的作者，說法不一。書名中冠有「黃帝」字樣，但由於黃帝時還沒有文字，所以後世猜測它可能是由當時一些不知名的醫家集體完成。

《素問》涵蓋內容豐富、論證科學，以人與自然統一觀、陰陽學說、五行學說、臟腑經絡學說為主，論述臟腑、經絡、病因、病機、治則、藥物及攝生、養生防病等各方面的關係，甚至已涉及現代醫學中關於人體發育、生理、解剖、治病原則、時間醫學和預防醫學等內容，集醫理、醫論、醫方於一體，強調人體內外統一的整體觀念，是中醫基本理論的淵源。其中，書中提出的人體血液是在脈管內不停地流動，而且是「如環無端」的循環狀態，這被世界科技史學界公認為血液循環概念的萌芽。其他如體內各臟器的解剖結構，以及放腹水術、灌腸法、物理療法等內容，在世界醫學史上，也都屬於首次記載。

拔罐是怎麼一回事

拔罐法又名「火罐氣」、「吸筒療法」，古稱「角法」。這是一種以杯罐作工具，借熱力排去當中的空氣以產生負壓，使其吸著於皮膚，造成瘀血現象的一種療法。拔火罐與針灸一樣，也是一種物理療法，而且是物理療法中較優秀的療法之一。古代醫家在治療瘡瘍、膿腫時常用它來吸血排膿，後來又應用於肺癆、風溼等內科疾病。

拔罐

拔罐法，是中國醫學遺產之一，最早在晉、唐時期就已在民間廣泛流行。在晉朝葛洪的《肘後備急方》中就有角法

的記載。所謂角法，是把挖空的獸角內部燒熱後，吸附在皮膚上以拔除膿瘡的方法。後來，角法所用的動物角逐漸為竹筒、陶瓷所代替，並演化為近代的玻璃罐、抽氣罐。

由於拔罐簡便，便於操作，不需特殊訓練，並且具有行氣活血、祛風散寒、消腫止痛的功效，對腰部肌肉勞損、頭痛、咳嗽、氣喘、腹痛等許多疾病頗具療效，所以在民間極受歡迎。後經過不斷改進，拔罐逐漸成為現代中醫治療中的一種療法。

針灸療法知多少

針灸是針法和灸法的合稱。針法是把毫針按一定穴位刺入患者體內，灸法是用燃燒著的艾絨、艾條等按一定穴位熏灼皮膚。針灸是中醫學中重要的治療方法，而且起源極為久遠。

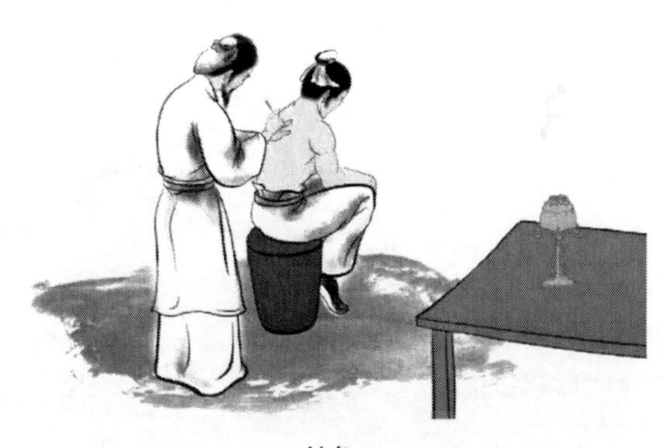

針灸

遠古時期，先民偶然發現，身體表面的某個部位碰撞到一些尖硬物體的時候會讓疼痛減輕，於是逐漸開始有意識地用一些尖利的石塊來刺激身體的某些部位，用以減輕疼痛。這就是針法的由來。最初使用的針是石製的，稱為「砭石」，後來則發展為金屬針，針的形制也有多個種類。人們在用火過程中發現，身體某部位的病痛經過火的燒灼、烘烤會得到緩解，於是取用獸皮或樹皮包裹燒熱的石塊或沙土對身體進行熱熨，用點燃的樹枝或乾草來烘烤以治療疾病，這就是灸法發現的過程。後來艾葉則成為灸治的主要材料，因為艾葉具有易於燃燒、氣味芳香、資源豐富、易於加工貯藏等優點。

針灸療法的原理是中醫特有的人體經絡理論。在治療過程中，經過診斷，確定病變屬於哪一經脈、哪一臟腑，然後製定相應的配穴方法，進行針灸，以達到通經脈、調氣血的目的，從而使人體陰陽歸於相對平衡，臟腑功能也趨於調和，也就達到了防治疾病的效果。

扁鵲其人

「扁鵲」，姬姓，秦氏，名越人，春秋時期齊國盧邑人，也有記載為渤海郡州人，或渤海郡鄭人。為何人們都稱呼他「扁鵲」呢？以下有一典故。

第九章　妙手回春的醫家

傳說上古黃帝時期有一位醫生叫扁鵲，他到處行醫，治病救人，人們非常尊敬他。他熱心給人治病，解除了人們的痛苦，人們就把他比作一個會給人帶來喜訊的喜鵲。人們之所以把秦越人和黃帝時傳說的扁鵲相比，是因為他高超的醫術和在醫學上的貢獻。

扁鵲

扁鵲是歷史上第一個有正式傳記的醫學家。身為一代名醫，扁鵲以實事求是的態度研究醫學，吸取民間的醫療經驗，在民間享有很高的聲望。他在醫學上的成就，主要有下列幾個方面：第一，在診斷方面，扁鵲採用望色、聞聲、問病、切脈的四診合參法，尤其擅長的是望診和切診。因此《史記·扁鵲倉公列傳》中稱讚道：「至今天下言脈者，由扁鵲也。」第二，在經絡藏象方面，扁鵲提出病邪沿經絡循行、臟腑的深淺由表及裡傳變的理論。第三，在治療方法方面，扁鵲提出論治與綜合治療相結合的辯證。從史籍記載中，我們可以看出扁鵲已經熟練掌握了砭石、針灸、湯液、按摩、熨帖、手術、吹耳、導引等方法，並將其靈活運用於具體病案之中，綜合治療。第四，在科學預防方面，扁鵲提出了六種病不能治，即：「驕恣不論於理，一不治也；輕身重財，二不治也；衣食不能適，三不治也；陰陽並、藏氣不足，四不治也；形羸不能服藥，五不治也；信巫不信醫，六不治也。」

把中藥製成丸、散、膏、丹、湯劑等品類，也是扁鵲的創造。他是中國中醫發展史上一位承前啟後的醫學家，為中國傳統中醫學的發展奠定了基礎，後來的中醫都尊他為祖師。後人將扁鵲的醫學理論整理成一部醫書——《難經》，是中醫學史上的寶貴文獻。

兩則典故話扁鵲

(1) 防微杜漸為良醫

一次，魏文王問扁鵲：「你們兄弟三人都精於醫術，誰的醫術最好？」扁鵲回答：「長兄最好，二兄次之，我最差。」文王詫異地問：「為什麼你最出名呢？」扁鵲解釋：「長兄治病於病情發作之前，只有行家知曉，所以他的名氣無法傳揚。二兄治病於病情初起之時，在一般人看來是輕微的小病，故而他的名氣只及鄉里。我治病於病情嚴重之時，大家看到我在病人經脈上插針管放血、在皮膚上敷藥等手術，以為我的醫術最高明，因而名氣傳遍全國。」魏文王對此稱讚不已。其中蘊含了深刻的道理：事後控制不如事中控制，事中控制不如事前控制。可惜人們很難認知到這一點，

等錯誤的決策造成重大的損失時再去彌補，為時已晚。

扁鵲很注重防微杜漸。有一次，他見到蔡桓公，對蔡桓公說：「君王有病，在肌膚之間，不治會加重的。」桓公不信。十天之後，扁鵲再去見他，說道：「大王的病已到血脈，不治會加重的。」桓公仍不信，而且非常生氣。又過了十天，扁鵲見到桓公時說：「大王的病已到腸胃，不治會更重。」桓公氣憤地把扁鵲趕走了。又過去十天，這次，扁鵲一見到桓公，就趕快避開了。桓公很納悶，派人去問他為何迴避。扁鵲說：「病在肌膚之間時，可用熨藥治癒；在血脈時，可用針灸、砭石的方法達到治療效果；在腸胃時，借助火劑湯的力量也能達到效果；可病到了骨髓，就無法治療了。現在大王的病已到骨髓，我已經無能為力了。」果然，五天後桓公重病發作，派人去找扁鵲時，扁鵲已經遠走秦國。不久，桓公就病死了。

(2) 起死回生救太子

有一次，扁鵲到了虢國，見到那裡的百姓都在進行祈福消災的儀式，得知虢國宮廷裡正在辦喪事，原來是虢國太子病死了。扁鵲找到一個太子的侍從官詢問情況。侍從官說：「太子昨天突然摔倒，昏迷不醒，不久就去世了。據太醫說，太子犯的是血氣病，因為正氣壓不住邪氣，邪氣積壓，得不到發泄。這次突然爆發，太子的身體抵擋不住，所以就死去了。」扁鵲又問：「死了多久？」侍從官說：「剛死不到半天。」扁鵲鬆了口氣，說：「我能把太子救活，您讓我進去看看。」侍從官稟報了國君，國君半信半疑地將扁鵲請進了宮。

扁鵲進宮後，仔細察看了太子的屍體，對國王說：「太子犯的是『屍厥症』（類似今天的休克），因為他的脈搏很弱很亂，又沒有呼吸，所以看上去跟死了一樣。」國君驚奇地說：「先生的意思是太子還沒有死，您能將他救活？」扁鵲點點頭。國君高興極了，王妃也出來對扁鵲說：「只要能將太子救活，您想要什麼都可以。」

扁鵲起死回生救太子

扁鵲對著王妃擺擺手，笑了笑，然後從隨身攜帶的醫藥箱裡拿出幾根銀針，在太子的頭頂、鼻嘴之間、胸前和四肢

的一些穴位上針灸。過了一會兒，太子慢慢甦醒過來，扁鵲急忙掏出藥給太子服下，又把熱巾放在太子兩腋下做熱敷。又過了一會兒，太子就坐了起來，跟沒事一樣。國君大喜，要封扁鵲為官，並要扁鵲留居虢國，扁鵲不願意，因為他還要治病救人。他婉拒了國君的盛情挽留，離開了虢國，繼續周遊列國。

扁鵲救太子的消息很快傳遍天下，很多人都驚嘆不已，稱他為「神醫」。扁鵲謙虛地說：「不是我能使死人起死回生，是因為病人沒有死，我只不過是使他醒來罷了。」

「醫聖」張仲景和中藥堂的典故

不知大家有沒有留意過，我們今天的中藥店往往不叫「店」而稱「堂」。這個稱呼究竟是從何而來的？相傳這與「醫聖」張仲景有關。

張仲景，名機，字仲景，東漢南陽（今河南南陽）人，著名醫學家。相傳他曾舉孝廉，做過長沙太守，所以有「張長沙」之稱。因其醫術高明，被人稱為「醫聖」。

東漢末年，軍閥混戰，瘟疫流行，張仲景家族兩百多人因傷寒病死了一百多人。張仲景非常難過，立志「勤求古訓，博采眾方」，為百姓治病。他在前人醫書《素問》、《九卷》、《八十一難》、《陰陽大論》、《胎臚藥錄》的基礎上，結合自己的醫療經驗，寫成了《傷寒雜病論》（傷寒指的是急性傳染病，雜病指的是外科、婦科等方面的疾病）。全書除病理論證外，系統性地分析了傷寒的原因、症狀和處理方法，奠定了理、法、方、藥的理論基礎。書中還精選了三百多種方劑，為中醫方劑學提供了發展的依據，後世很多藥方都是從它們發展變化而來的。這部書還傳到了日本、朝鮮、越南等國。經後人整理校勘，《傷寒雜病論》被編為《傷寒論》和《金匱要略》。張仲景創造的六經分證、中醫診斷病情的八綱（陰陽、表裡、虛實、寒熱）和辨證施治的原則，為中醫治療學奠定了基礎。

《傷寒雜病論》序中有這樣一段話：「上以療君親之疾，下以救貧賤之厄，中以保身長全，以養其生。」由此可見，張仲景的貢獻不僅限於其精湛的醫術，而且彰顯了醫學大家的仁心仁德，是名副其實的「醫宗之聖」。張仲景在長沙擔任太守期間，當地疫病流行，他索性在官府大堂上給人看病，分文不取。在給病人開具的藥方上，他經常在自己名字前加上「坐堂醫生」幾個字，以示自己治病救人的決心。後代中醫為了紀念他，也把自己開的藥鋪稱為「堂」。

《傷寒雜病論》

《傷寒雜病論》是「醫聖」張仲景的代表作，它確立了中醫學的重要理論之一 —— 辨證施治思想。後幾經戰亂散佚，該書被一分為二，成為《傷寒論》和《金匱要略》二書。《傷寒論》全書十卷，以六經辨證為綱，以方劑辨證為法，是一部論治外感熱病的專著。它將外感疾病表現出的各種規律性病症歸納為太陽、太陰、少陽、少陰、陽明、厥陰六經病症，三陽經病多屬實熱，三陰經病多屬虛寒。每經貫串運用四診八綱，對傷寒各階段的辨脈、審證、治則、立方、用藥規律以條文形式進行了全面的闡述，論析主次分明、條理清晰。在了解和處理疾病的方法上，強調運用多種診法綜合分析，還制定出了許多簡要實用的藥方，如對六經病各立主證治法。它是第一部理論與實踐並重，理、法、方、藥有機結合的臨床醫學用書。

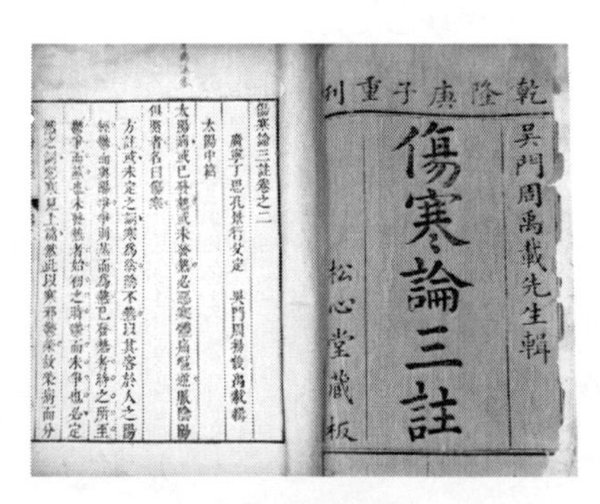

《傷寒雜病論》

《金匱要略》是奠定中醫臨床醫學基礎的重要古籍之一。全書共二十五篇，以內科為主，涉及外科和婦科，對各種雜病的因、證、脈、治均有介紹。該書診斷重視四診合參，辨證上以臟腑、經絡為重點，結合衛氣營血、陰陽五行理論，看重預防和早期治療，論述精要，治法靈活，制方嚴謹，頗有實用價值。尤其是該書強調整體觀念，也提醒注意治病的輕重緩急；書中所講的急救人工呼吸法，方法合理，注意事項也頗為周全。

身為在臨床醫學方面有重大貢獻的一代宗師，張仲景提倡「精究方術」，他在《傷寒論》中實際立方一百一十二首，在《金匱要略》中立方二百六十二首。這些方劑具有藥味精煉、配伍嚴密、主治明確、療效確鑿的特點，被後世譽為「眾方之祖」或「經方」，其中大部分是後世方劑學發展和變化的重要依據。

一代名醫 —— 華佗

華佗是東漢末年著名醫學家，沛國譙縣（今安徽亳州）人。華佗與董奉、張仲景並稱為「建安三神醫」。華佗甘願在疾苦的民間奔走，行醫救人。

東漢末年，宦官權傾朝野，政治腐敗，窮苦人民們生活困窘不堪，各種疾病盛行。華佗不忍看到人們受苦，於是背

負著沉重的使命感，立志做一個為人解除病痛的民間醫生。於是他發憤苦讀，用心鑽研古典醫學書籍，一刻都不敢懈怠，再加上他醫術高超，很快便名揚鄉里。他絲毫不為名利所動，拒絕了地方官舉薦他做孝廉，並讓他做官的好意，依舊執著於醫學事業。他蒐集各種土方土藥，並且親自嘗試，在實踐中逐漸加強自己的醫術。為了不斷完備自己的醫療技術，他不辭勞苦，足跡遍布現在的河南、安徽、山東、江蘇一帶，到各地採集民間醫術，博采眾長。功夫不負有心人，華佗的醫術終於達到爐火純青的境界。

由於經常來看病的人體質較弱，華佗為了防患於未然，模仿虎、鹿、熊、猿、鳥的運動和形態，創造了一套醫療體操，叫「五禽戲」。它可以有效改善底層階級人民的體質，達到預防疾病的功效。經常練習五禽戲，會使人精神愉快，從而增進食慾；此外，還能防止人的肌肉萎縮，改善病人的異常步態和行走姿勢，從而提高人體的平衡能力，很多人因此受益。

五禽戲

華佗在民間行醫，聲名遠播，當時貴為丞相的曹操也對華佗妙手回春的醫術早有耳聞。他患有偏頭痛，身邊的大夫都束手無策，於是請華佗為他治療「頭風」頑症。華佗用針扎他的胭俞穴，手到病除，效果很好。後來，曹操的「頭風」病加重，再次請來了華佗，但這次曹操要把華佗留在許昌為他一個人服務。華佗一心為民，便假借妻子有病回家探望，一去不復返。華佗回家後，曹操多次寫信催他回來，還強令郡縣官員將華佗遣送回來，但華佗每次都婉言謝絕，不肯回來。曹操大怒，派人前去查看。如果華佗的妻子果真病了，就賜給他四十斛（ㄏㄨˊ，容量單位）小豆，並放寬期限；如果華佗說謊，就拘捕押送他回來。於是華佗就被交付許縣監獄，審訊後華佗本人認罪。臣子替華佗向曹操求情，

曹操惱羞成怒，將華佗給處死了。一心為人們治病的一代名醫——華佗就這樣結束了他的一生。

「藥王」孫思邈和《千金方》

孫思邈（五八一年至六八二年），京兆華原（今陝西銅川耀州區）人，隋唐時期著名醫藥學家，被後人尊為「藥王」。

孫思邈自幼體弱多病，家人為給他看病幾乎耗盡家財。因此，他從小就立志要從事醫學研究。他認真閱讀了《黃帝內經》、《傷寒雜病論》、《神農本草經》等古代醫書，鑽研民間方藥，向經驗豐富的大夫學習。到二十多歲時，孫思邈已經成為一個有名的大夫了。隋文帝、唐太宗、唐高宗都請他出來做官，但都遭到了他的拒絕。

孫思邈長期生活在民間，廣泛蒐集民間藥方，累積了豐富的醫療經驗。孫思邈不但精通內科，而且擅長外科、婦產科、兒科、五官科等，還掌握了針灸技術和淵博的藥物學知識。他最早描述了下顱骨脫臼的復位手法，一直沿用至今。在長期的醫療實踐中，孫思邈感到過去的方藥醫書浩博龐雜，分類也不科學。因此他一方面閱讀醫書，一方面廣泛蒐集民間方藥，編成《備急千金要方》和《千金翼方》。之所以用「千金」命名，是因為孫思邈認為人命比千金還要貴重。

《千金翼方》

李時珍和《本草綱目》

李時珍（約一五一八年～一五九三年），字東璧，蘄州（今湖北蘄春）人，明代醫藥學家。出身於世醫家庭，受家庭的薰陶，他從小就喜愛醫藥，立志懸壺濟世。經過刻苦學習和實踐，在三十歲時，他已經成為當地名醫。後楚王聘他到王府掌管良醫所事務，三年後，又推薦他上京任太醫院判，後經舉薦，補太醫院之用，一年後他辭官回家。在此期間，李時珍閱讀了王府和太醫院裡大量的醫書，醫學知識大增。

在李時珍之前，中國醫學書上記載的藥物有一千五百五十八種，這些藥物品種繁雜，名稱混亂。醫生們在行醫時非常不方便，有時候還會開錯藥。李時珍決心重新整理這些藥物，編定

一本藥典。他深入民間，向農民、漁民、樵民、藥農請教，查閱八百多部醫書，對藥物一一鑑別和考證，糾正了古書中的許多錯誤，還蒐集許多新藥物，歷時三十多年，最終寫成《本草綱目》一書。《本草綱目》對藥物進行了分類，首先為綱，其次為目，再次是藥名、產地、形色、藥用等。《本草綱目》對後世醫學影響很大，還傳至日本、朝鮮、越南等國。

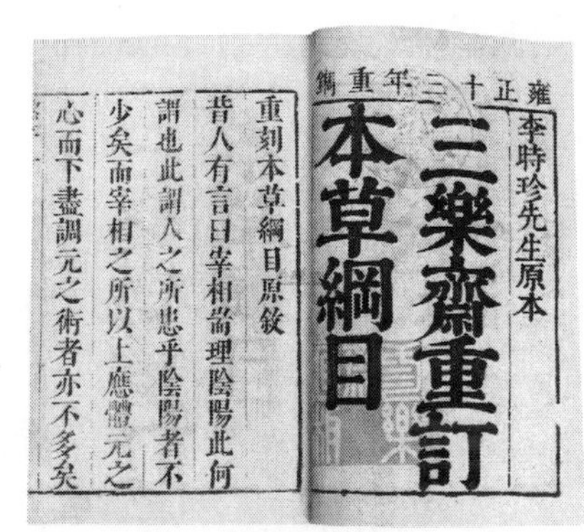

雍正十三年重鐫
李時珍先生原本
三樂齋重訂
本草綱目

重刻本草綱目原敘
昔人有言曰宰相當理陰陽此何
謂也此謂人之所患乎陰陽者不
少矣而宰相之所以上應靈元之
心而下盡調元之術者亦不多矣

《本草綱目》

第十章
融合先秦學術的雜家

第十章　融合先秦學術的雜家

雜家，「采儒墨之善，撮名法之要」，是戰國末期至漢初兼采各家之學的學派。雖然雜家只是集合眾說，但透過採集各家言論，兼收並蓄，冠之以其政治意圖和學說主張，也自成一家。就其無統一宗旨而言，本不該稱家，但為歸類起見，視其為一家，並名以為「雜」，屬於九流之一。

雜家出於古時的「議官」。他們「兼儒墨、合名法」，雜采眾家之長，闡明自己的觀點，並為自己的政治理想和人生目標服務。也有學者指出，推其淵源，雜家出於道家，其學說以道家為本，兼采法家。

《漢書·藝文志》稱雜家著作有「二十家，四百三篇」，但今大多遺失，現存的雜家代表作主要有《呂氏春秋》和《淮南子》等。

《呂氏春秋》，又名《呂覽》，是戰國末期秦相呂不韋組織門客共同編寫的著作。其編寫目的是指導秦國兼併六國，從而一統天下。該書具有重要的史料價值，深得後人好評。《淮南子》又名《淮南鴻烈》，為西漢淮南王劉安及其門客所編纂。全書分內二十一篇，外三十三篇，但今只流傳下來內二十一篇。書中的思想糅合了各家學派，傾向於道家，其編纂的初衷也是為皇帝提供治國安邦之道。

雜家為先秦學術思想的融合做出了貢獻，對漢代早期的政治也產生了重大影響。

名相呂不韋的傳奇人生

呂不韋

呂不韋（約前二八九年～前二三五年），戰國末期著名大商人、政治家、思想家，衛國濮陽（今河南濮陽西南）人。身為一名大商人，呂不韋以囤積居奇聞名於世。他曾輔佐秦始皇的父親登上王位，並任秦國相邦。呂不韋也是雜家的重要代表人物，曾組織過門客編寫著名的《呂氏春秋》。

秦昭王末年，秦國太子安國君的兒子公子異在趙國做人質，呂不韋在趙國都城邯鄲見到了異人，認為其「奇貨可居」。他對公子異說：「我是來助你光耀門楣的。」公子異笑道：「你還是先考慮如何光大自己的門庭吧！」呂不韋接著說：「我光大自己的門庭要透過光耀公子的門楣來實現。」公子異認為他的話非同尋常，於是求教於他。呂不韋分析了秦國的王位繼承情況，說：「安國君最寵愛華陽夫人，但華陽夫人沒有兒子。公子的母親不受寵，因此公子也不受華陽夫人的重視。公子不妨拜華陽夫人為義母，讓她勸說安國君立你為嗣。我可以幫助公子去秦國遊說。」華陽夫人是楚國

人，因此呂不韋勸說公子異改名子楚以討好華陽夫人。

接著，呂不韋便贈予子楚重金，讓他結交名流，擴大自己的影響力；同時，他動身去秦國遊說華陽夫人立子楚為嗣。後來，子楚和呂不韋逃歸秦國。安國君繼立為孝文王後，子楚名正言順地成為太子。次年，子楚即位，他就是莊襄王。即位後，莊襄王任命呂不韋為丞相，封文信侯，食雒陽十萬戶，一代名商搖身一變成了一代名相。莊襄王死後，年幼的太子政被立為王，呂不韋被尊為相國，稱「仲父」，門下有食客三千，家僮萬人。他命門客編著《呂氏春秋》，又名《呂覽》，共二十餘萬言，「兼儒墨，合名法」，融匯了先秦各家學說。

呂不韋當政時，攻取了周、趙、衛等國的土地，在此設置三川郡、太原郡和東郡，為以後秦王政完成兼併六國的大業立下汗馬功勞。但後來他因叛亂而受到牽連，被免除了相國職務。不久，秦王政又令呂不韋舉家遷蜀，呂不韋擔心遭到誅殺，自己飲鴆而死。

《呂氏春秋》

《呂氏春秋》分十二紀、八覽、六論，共十二卷，一百六十篇，二十餘萬字。之所以將此書列為雜家，是由於其內容駁雜，糅合了儒、道、墨、法、兵、農、縱橫、陰陽家等各家思想。傳說此書完稿後，呂不韋將其公布在秦都城咸陽的城門上，公諸於世，只要有人能在書中增刪一字，就賞賜千金。這是「一字千金」的典故。

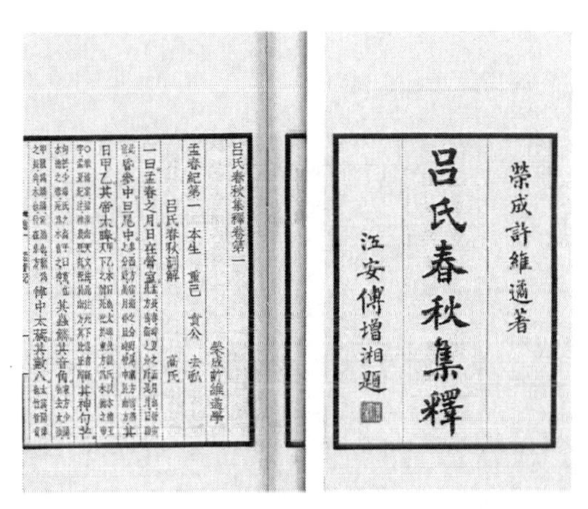
滎成許維遹著
呂氏春秋集釋
江安傅增湘題

呂氏春秋集釋卷第一
滎成許維遹學
孟春紀第一　本生　重己　貴公　去私
呂氏春秋訓解　高氏
一曰孟春之月日在營室
昏參中旦尾中
日甲乙其帝太皡
其神句芒
其蟲鱗其音角
律中太蔟其數八

《呂氏春秋集釋》

《呂氏春秋》最核心的內容是十二紀，分〈春紀〉、〈夏紀〉、〈秋紀〉、〈冬紀〉。每紀十五篇，共六十篇。〈春紀〉討論養生之道，〈夏紀〉論述教學道理及音樂理論，〈秋紀〉探討軍事問題，〈冬紀〉探求人的人品價值。八覽，今遺失一篇，現存六十三篇，涉及做人務本之道、治國之道，以及如何認知和分辨事物、如何用民和為君等。六論，共有三十六篇，雜議各家學說。

司馬遷稱《呂氏春秋》「備天地萬物古今之事」，東漢高誘為它作注時說其「大出諸子之右」。誠然，《呂氏春秋》

不是一部有系統的著作，但它保存了先秦各家各派的不同學說，還記載了很多古史舊聞、古人遺語、古籍佚文及古代科學知識，具有極高的思想價值和史料價值。

你聽說過《屍子》嗎

《屍子》聽起來恐怖，但與科幻懸疑沒有關係，它是先秦雜家的著作，因其作者屍子而得名。《漢書．藝文志》中說，屍子「名佼，魯人，秦相商君師之。鞅死，佼逃入蜀」。由此可見，屍子並非無名之卒，商鞅曾跟從他學習。劉向的《荀子書錄》說，屍子著書「非先王之法，不循孔氏之術」。《屍子》是屍佼逃往蜀後的著作，其思想兼取儒、墨、道、法各家，同孟軻、荀卿、商鞅、韓非等人的思想也有相通之處。面對戰國時期階級矛盾尖銳的問題，屍佼提出，解決問題的首要任務是穩定農民，只有農民安居樂業，國家才能長治久安，這一思想也深刻影響著後續要說的農學家許行。

《屍子》從墨家學派中汲取了「節葬」和「非樂」的思想，注重民生。它曾借子夏之口說：「魚失水則死，水失魚猶為水也。」從而指出了民心對於統治者的重要性。「天子忘民則滅，諸侯忘民則亡」，則強調安撫百姓是鞏固國家統治權的關鍵。屍佼也主張法治，但反對濫用刑罰，認為

「刑以輔教，服不聽也」。注重法治的同時，屍子強調「教化」。他認為，社會之所以動亂，是因為有「邪人」，人所以要作惡，是源於「邪慾」。所以，要去盡「邪人」，除去「邪慾」，使國家長治久安。除「邪慾」需「心」正，「心以為不義」，就可以制止眼、口、耳、身等各個感官的不正當慾望。由此可見，屍子的思想主張和墨家、道家、儒家、法家等思想有著十分緊密的連繫。

《屍子》原書在三國時已遺失多半，曹魏黃初中續補了幾篇。隋唐以來流傳的《屍子》，非漢代之前的版本，大多反映了黃初中續補的內容，基本與原稿一致。這個本子到宋代又亡佚，宋代時《屍子》只存一卷。至清代時，雖有很多人補充，但其中究竟保存了多少先秦《屍子》的內容，已難以考證。

淮南王劉安

劉安（前一七九年～前一二二年），為皇親貴冑，是漢高祖劉邦之孫，淮南厲王劉長之子。文帝八年（前一七二年）時，劉長被廢王位。文帝十六年（前一六四年），文帝將原來的淮南國封給了劉安兄弟三人，劉安以長子身分襲封為淮南王，時年十六歲。年少的劉安才思敏捷，喜好讀書，擅長文辭，樂於鼓琴，是西漢著名的文學家和思想家。

淮南王劉安

劉安一生只好讀書鼓琴，潛心著書立說，追求治國安邦之道。他奉漢武帝之命著成的《離騷傳》，是最早對屈原及其作品《離騷》做高度評價的著作。劉安求賢若渴，禮賢下士，這使得淮南國都壽春成了文人聚集的文化中心。他「招致賓客方術之士數千人」，集體編寫了《鴻烈》，又稱《淮南鴻烈》或《淮南子》。該書包羅萬象，有《內篇》二十一篇、《外篇》三十二篇、《道訓》兩篇，共計二十餘萬字，具有很高的史料價值和文學價值。同時，他還著有詩歌《淮南王賦》八十二篇、《群臣賦》四十四篇、《淮南雜星子》十九卷、《淮南歌詩》四篇及《淮南萬畢術》等，內容涉及政治學、哲學、經濟學、史學、倫理學、文學、化學、物理、天文、地理、農田水利、醫學養生等方方面面。在《淮南萬畢術》中就有「曾青得鐵則化為銅」的記載，具有很強的科學性。同時，劉安將雞蛋去汁，以艾燃燒取熱氣，使蛋殼浮升。

我們今天經常吃到豆腐，而制豆腐的鼻祖就是劉安。劉安信奉道教，喜好黃白之術。他經常召集道士、郎中、江湖方術之士煉丹製藥，其中最著名的有蘇非、田由、雷被、伍被、毛被、李尚、晉昌、左吳，號稱「八公」。這些人經常在壽春北山築爐煉丹，誰知無意中製成了豆腐。劉安因之被尊為豆腐鼻祖，八公山也因此得名。

身為統治者，劉安主張「無為而治」。他不守舊章，不循先法，改進道家思想，遵循自然規律，制定了一系列輕刑薄賦、鼓勵生產、使民安居樂業的政策，淮南國出現一派國泰民安的景象。

儘管轄內老百姓非常擁護劉安的治國政策，但在漢武帝頒布「罷黜百家，獨尊儒術」的政策以後，他因奉行道家思想屢遭讒言，並招致了殺身之禍。漢武帝元狩元年（前一二二年），漢武帝以劉安「陰結賓客，拊循百姓，為叛逆事」的罪名派兵入淮南擒拿劉安，劉安被迫自殺。

《淮南子》

《淮南子》由劉安主持，並集結其門下賓客編撰而成。《淮南子》在編成初期，包括《內書》、《中篇》、《外書》三部分。但《中篇》、《外書》到了東漢就已失傳，所剩的《內書》，又名《鴻烈》，乃是取「廣大光明」的意思。後劉向校訂，改稱為《淮南》，後人習慣稱其為《淮南子》。書中的思想以道家為主，同時雜有法家、儒家、陰陽家等各家思想。

《淮南子》

《淮南子》一書善用歷史傳說和神話故事說理，因此保留了一些著名神話。另外，《淮南子》在哲學上提出了「宇宙進化」和無神的唯物主義觀點。在政治上，《淮南子》主張道家的「無為而治」。《淮南子》中保留的歷史傳說和神話故事，對後人研究漢以前乃至上古時期的歷史有很大價值。

博大精深的《管子》

《管子》一書託名為管仲所著，實為戰國時期齊國稷下學者所作的著作總集，後經劉向編訂為八十六篇。《管子》今本僅存七十六篇，其餘十多篇僅存目錄。全書共分八類，其中，「經言」九篇、「外言」八篇、「內言」七篇、「短語」十七篇、「區言」五篇、「雜言」十篇、「管子解」四篇、「管子輕重」十六篇。

全書內容龐雜，其思想融合了法、道、名等家的思想，內容則涉及天文、曆數、輿地、農業和經濟等方面的知識。書中最精華的部分是，提出了以「精氣」為萬物本原的樸素唯物主義精氣說，認為天地萬物並不是神創造的，而是由精氣相互結合產生的。

第十一章
追求君民共耕的農家

「亞聖」孟子提出了「勞心者治人，勞力者治於人」的觀點；有個與他同時代的人卻極力主張「君民共耕」，統治者應該與老百姓一樣自食其力，他就是戰國時期楚國的許行。這一反映農民思想、研究農業生產技術的學術派別，就是「九流」中的農家。

農家作為諸子百家之一，是春秋戰國及西漢時期一個注重農業生產的學派。《漢書．藝文志》載：「農家者流，蓋出於農稷之官。播百谷，勸耕桑，以足衣食，故八政一曰食，二曰貨。孔子曰『所重民食』，此其所長也。及鄙者為之，以為無所事聖王，欲使君臣並耕，悖上下之序。」農家分為兩派，一派以氾勝之為代表，不關心政治，而專心於農桑樹藝；另一派以許行為代表，有著自己的政治理想，主張賢人治國應該和老百姓一道耕種，親自做飯。農家代表性的著作有《神農》、《野老》、《董安國》、《尹都尉》、《宰氏》、《趙氏》等，遺憾的是均已遺失，沒有一部完整的著作能保存下來，不過我們可以從諸子的其他著述中窺見其思想與活動。

農家的出發點——以民為本，重農抑商

據稱，農家出於古時的「農稷」之官。他們注重農業生產，旨在播百谷、勸耕桑，以使人民豐衣足食。農家學派主

張將耕戰政策應用於社會政治方面，即統治者要輕徭薄賦，獎勵發展農業生產，這代表了農民的利益和要求。平時，他們還注重研究農業生產問題，探討和總結農業科學和農業生產技術，有利於農業經濟的發展。

許行，楚國人，與孟子同時期，生平事跡見於《孟子·滕文公上》。為了更好地實現自己的主張，許行假托神農氏之言，提出「賢者與民並耕而食」、「市賈不二」，提倡人人平等勞動。他的主張反映了底層勞動階級的理想，在當時產生了極為深遠的影響，連儒家門徒陳相、陳辛兄弟二人也都棄儒學農，投入許行門下，可見其影響之大。許行師徒過著極為簡樸的生活，他們皆穿粗布衣服，以打草鞋、織蓆子維持生計。

儘管許行這位農家的真正開創者並未留下專著，但「神農學派」的傳人很可能在齊國的稷下學宮講過學。傳說由稷下學宮中的講師編撰的《管子》（託名管仲所著）一書，包羅各家思想學說，農家學說自然也位列其中。

一般認為，《管子·地員》即為農家的著作，〈牧民〉、〈權修〉、〈五輔〉、〈八觀〉等篇也大篇幅地記述了農家的思想。《管子》中有關農家的內容，著重體現了農家的民本主義思想。這是因為當時絕大多數平民都從事農耕，「重農」也就是「重民」，重農傾向必然會發展為民本思想。

在農家看來，統治者維持統治的基礎是「順民心」，民心不可違。賢明的統治者能夠做到順應民心，以民意向背作為自己行為的指南。《管子·牧民》中講：「政之所興，在順民心；政之所廢，在逆民心。」農家透過「民心」這個概念，初步了解到了歷史發展的必然趨勢。

農家的起源——神農與后稷的傳說

在中國古代神話傳說中，神農是農耕文明的開啟人。相傳在遠古時期，人們以採集和漁獵為生，當採不到野果、野菜或捕捉不到動物時，只能挨餓受凍。為走出這一困境，神農砍來木料，製作了耒、耜等農具，向大家傳授農業生產技術，並與大家一起耕作。他因此被奉為農家之祖，並與燧人氏、伏羲氏並稱「三皇」。

神農此人是否真實存在，現在尚難以斷定；但神農教耕的傳說，確實反映了中國原始社會從採集、漁獵進步到原始農業的發展情況。同時，這一傳說也體現了當時人人勞動、平等互助的社會現實。神農同情百姓疾苦，以解決百姓的衣食住行等民生問題為出發點，開創了華夏農業文明，這是後來民本主義思想的源頭。在有關神農的神話中，有一個重要主題，就是探討農業技術的起源，包括製作農業工具、考察土地狀況等，也包含技術層面思想的發展。所以，人們又將後世的農家稱為「神農學派」。

后稷是繼神農之後，中國農業文明史上又一重要人物。他是古代周族的始祖，也是中國歷史上的第一個農官。因為他出生時的情況怪異，家人認為是不祥之兆，便將他拋棄在田野裡。沒想到，動物們紛紛來保護這個小男孩。有些動物還餵奶給他。人們又把他放在冰上，可是人還沒走遠，天上的鳥都飛下來，用翅膀為他遮擋寒氣。人們終於意識到，這個孩子不一般，就把他抱回來交給他的母親撫育，並給他取名叫「棄」。

棄還是個孩子的時候，就常學著大人的樣子採集植物的種子，並學種麻和大豆。長大後，他對種植各種莊稼產生更濃厚的興趣，不僅懂得因地制宜種植作物，而且精通選種、拔草等農田管理技術。此外，他還能根據作物成熟的早晚及外觀性狀，來辨別作物的類型。

長期的耕作後，棄累積了豐富的生產經驗。他種的莊稼橫豎成行、整齊劃一，大豆茂盛、穀粒飽滿。附近的人們聽說他很會種莊稼，便都跑來向他學習，他把自己的農耕知識和經驗毫無保留地傳授給大家。在他的影響和帶動下，糧食連年豐收，進一步減弱了人們對漁獵和採集的依賴。棄的事跡很快傳遍整個部落，堯帝推舉他為部落聯盟的「農師」，指導部落群眾進行耕作。到了舜帝時，棄又被請來擔任最早

的農官——后稷，主管部落聯盟中的農事。此後，人們便都稱他為「后稷」了。

后稷死後，人們為了紀念他的功勞，把他安葬在「都廣之野」。那裡不僅風景秀美，而且土地肥沃，各種農作物長勢極好。傳說，通往天上的梯子就位於它附近，因此每到收穫季節，就會出現鳳凰率百鳥起舞的奇景。

戰國是社會的大變革時期，各家的學說各家學說主張本多是為政治服務。但因其思想內容幾乎都有涵蓋重農思想，也會涉及農耕問題，因此先秦時期廣泛盛行討論農事，也為許行農家思想體系造就了良好的生成條件。

什麼是「三盜」

《呂氏春秋．辯土》：「無與三盜任地：夫四序參發，大甽（ㄑㄩㄢˇ）小畝，為青魚胠，苗若直獵，地竊之也；既種而無行，耕而不長，則苗相竊也；弗除則蕪，除之則虛，則草竊之也。故去此三盜者，而後粟可多也。」也就是說：壟溝太寬、壟臺太窄，小苗細弱而爭長，土地的肥力得不到發揮，這叫做「地竊」；播種時無行列，雖中耕但因苗相欺而不見長，這叫做「苗竊」；雜草太盛，不除草則荒蕪，除草則虛動莊稼的根，這叫做「草竊」。只有去掉這三害，才可以得更多粟。這在戰國時期，於農學上總結出來，沒有科學、經驗依據的耕作方法會帶來的三大害處，反映了當時人們的農業生產經驗。

倉廩實而知禮節，衣食足而知榮辱

這句話出自《管子・牧民》，是《管子》的重要主張，意為只有倉庫中的糧食充足了，人們才知道講求禮節；只有衣食得到滿足，人們才知道講求榮辱。在道德與經濟的關係上，主張道德應以財富為基礎。只有在一定的物質生活條件下，倫理道德觀念才能規範人們的行為。人民的基本生活需求是否得到滿足，決定了人民的道德觀念，與國家治亂興衰有直接的關係。因此，統治者應該注意民生，發展生產，提高人民生活品質，從而達到長治久安的目的。這一重視農業生產的思想，對後世帶來了很大的影響。

許行——「君王親耕」的希冀

許行以古代神農氏「教民農耕」的事跡為依據，提出了自己的主張，核心是反對不勞而獲，即「種粟而後食」。他自己帶領門徒穿著粗製簡陋的衣服，從事耕織活動，自給自足，活動範圍在今天的湖北省附近。他是先秦時期第一個也是唯一一個留下姓名的農家代表人物。後人在文獻中已經無從查證他的學說著作，乃至生平資料，只能從《孟子・滕文

公上》的記載中了解。

《孟子．滕文公上》記載了許行「賢者與民並耕」的觀點。他主張國君應當親自參加生產與生活方面的勞動，與百姓同甘共苦，在工作上不分彼此。許行一直致力於傳播並踐行自己所信奉的這一學說。有一次，他和弟子們來到滕國，主動拜訪滕文公，對滕文公說：「我從遠方而來，聽說您實行仁政，希望在您這裡得到一個安身之處，做您的百姓。」滕文公答應了許行的要求，劃撥給他們一塊自由耕種的土地。許行和弟子們身穿粗麻布衣服，親自耕種，收穫穀物，並生產編製品，然後透過交換自己耕耘、生產的成果得到農具和其他生活物品，自力更生。

我們今天能夠得知許行的這一事跡，源於陳行與孟子的對話。這還得從陳相和陳辛兩兄弟棄儒從農說起。二人本是大儒陳良的徒弟，陳良去世後二人來到滕國，並遇到了許行。兩兄弟仰慕許行的思想言行，於是拋棄了儒家學說。陳相還利用拜訪孟子的機會，向孟子宣傳許行的事跡和言論。陳相先以滕國國君為例，闡明許行的治國理論：一個賢明的君主應當和老百姓一樣自己耕種，自己做飯，自食其力，像滕君那樣囤積糧食、存儲財物，就是在損害百姓以供養自己，不能算作賢明之君。

孟子聽後質問道：「許子是自己種了糧食才吃飯的嗎？」

陳相說：「是這樣的。」孟子又問：「那麼許子是自己織了布才穿衣服的嗎？」陳相說：「不是，但是許子穿的是粗麻編織的衣服。」孟子接著問：「許子戴帽子嗎？」陳相說：「戴。」孟子問：「戴什麼樣的帽子。」陳相說：「戴生絲織的帽子。」孟子問：「是自己織的嗎？」陳相說：「是用糧食換的。」孟子緊接著問：「為什麼他不自己織呢？」陳相解釋，那樣的話會妨礙做農活。孟子接著又問他許子所用的一些其他器物，結果都不是許子自己造的，而是交換得來的。孟子說：「他這樣用糧食來交換這些器物，難道就不是農夫對於工匠的侵害嗎？反過來工匠用器物從農夫那裡換取糧食，就不是對農夫的侵害嗎？」孟子進而提出：「勞心者治人，勞力者治於人；治於人者食人，治人者食於人。天下之通義也。」上位者統治人民而不從農事，也是彼此各司其職，各惠其利，縱使被剝削，是社會發展的一般規律。

陳相隨後又讚揚許行的經濟理論。為了踐行人人皆自食其力的理念，許行主張統一商品價格，以數量定價。如布匹絲綢，若長度一樣，價錢就一樣；五穀多少相同，價錢就相同。如此一來，也就不存在商人低買高賣賺取差價的情況。孟子聽後，認為這是在違背市場規律，擾亂經濟秩序，違背人性，更不要說以此治理國家。

其實，「君王親耕」或許原始社會的氏族首領真正實行

過；但到了後來，君主們每年正月搞的「親耕」——親自扶犁耕田，只不過是一種儀式，只是為了勸課農桑而已。如《穀梁傳》記載：「天子親耕，以共粢盛。」很顯然，這不過是做做樣子罷了。雖然許行的觀點不合時宜，但他的思想主張也道出了底層勞動人民的心聲。

農學巨著——《氾勝之書》

《氾勝之書》是西漢晚期的一部重要農學著作。此書因作者氾勝之而得名。氾勝之在漢成帝時期任議郎，深入民間，親自指導農民耕種，實踐、總結了農耕經驗，並獲得了成功。《氾勝之書》便是他總結當時的農業生產經驗寫成的一部農學著作。全書十八卷，早已散佚，保存到現在的只有三千多字。該書對耕作的基本原則，如何選擇播種日期、進行種子處理，以及個別作物的栽培、收穫、留種、貯藏和各種種植方法等做了詳細的介紹。就現存文字來看，包括禾、黍、麥、稻、大豆、小豆、臬、麻、瓜、瓠、芋、桑十二種。

氾勝之

書中記載的「凡耕之本，在於趨時，和土、務糞澤，早鋤、早獲」的生產原則和春耕時宜測定法，牽索趕霜保苗法，以及稻田水溫調節法、穗選法、溲種法、嫁接法等技術措施，至今仍有科學價值，充分反映了兩千年前中國農業科學技術的發展水準。

賈思勰與《齊民要術》

賈思勰，北魏農學家，生卒年不詳，山東益都（今山東壽光）人。他曾任北魏高陽郡太守，具有深厚的農事知識。他從傳統的農本思想出發，深入民間，跟農民進一步接觸，從平凡的生活中汲取經驗，最終寫成《齊民要術》。

賈思勰

全書共十卷、九十二篇，約十一萬字，其中正文約七萬字，註釋約四萬字。書中系統性地總結了六世紀以前黃河中下游地區農牧業生產、食品的加工與貯藏、野生植物的利用等方面的經驗，凡有關農業生產之事，書中應有盡有。在地區方面，除反映黃河中下游地區的農業生產技術外，也涉及南方及其他地區的情況。《齊民要術》是一部綜合性農書，

也是迄今保存最完整的農書，在世界農學史上也占有重要地位，是較早的農學專著之一。

《王禎農書》

《王禎農書》是一部大型綜合性農書，由元代王禎著。全書共三十六卷，六萬多字，分為〈農桑通訣〉、〈百谷譜〉、〈農器圖譜〉三個部分，與歷代農學著作相比具有不少特點。

《王禎農書》兼論中國北方農業技術和中國南方農業技術，並附有約三百幅插圖，為人們提供了大量有具體形象的資料。書中有農具圖譜，全面介紹了中國的各類農具，並附以圖形。後世附有農具的農書或類書，有關農具的內容，多採用了該書的資料。今日我們研究古代農具，主要也是依靠《王禎農書》所提供的資料。

該書還記載了許多新的農業技術，如在土地利用方面，介紹了圩田、圍田、櫃田、梯田、架田、沙田、塗田等多種土地利用方法；在無性繁殖方面，介紹了身接、根接、皮接、枝接、靨接和搭接六種嫁接方法；在園藝方面，介紹了食用菌人工接種、溫室囤韭、培育韭黃的技術。

第十二章
嬗變中的其他諸子各家

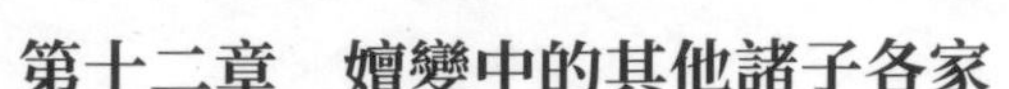

位輕而言重的小說家

小說家是先秦時期專門記述民間街談巷語的一類人，為「九流十家」之一。西漢學者劉歆在《七略》中將先秦和漢初諸子歸納為儒、墨、道、法、名、縱橫、陰陽、雜、農、小說十家，並指出了各家的學術淵源及特點。儒、道、法、名、墨、縱橫、陰陽、雜、農九家學說有一定的理論深度，每一家代表人物的指導思想也有共通之處，因此合稱為「九流」。十家中小說家屬於藝文，不屬於學術，所以不被列入「九流」，於是有了「九流十家」的說法。《漢書·藝文志》上說：「小說家者流，蓋出於稗官；街談巷語，道聽途說者之所造也。」然而小說家雖然居於諸子百家之列，但因所寫文字缺乏理論深度和事實依據而被視為不入流者，這說明當時這一學派在社會上的影響非常有限。不過小說家之作多反映古代平民思想，這是其他九流學派所不能代替的。孔子說：「雖小道，必有可觀者焉，致遠恐泥，是以君子不為也。」這裡的「小道」可以引申為「小說」的本義。《論語》將這句話收入其中，說明儒家也承認，有時「小」的作用是「大」所不及的。

小說家的著作有《伊尹說》、《鬻子說》、《周考》、《青史子》、《師曠》、《務成子》、《天乙》、《黃帝說》、《虞初周說》、《百家》等，但大多已散佚。後來「小說」的概念發生變化，傳奇、雜錄、野史、稗史、叢談、平話、演義都被歸為小說之列。

百家宗師——姜子牙

姜子牙（約前一一五六年～前一〇一七年），姜姓，呂氏，名尚，字子牙，號飛熊，也稱呂尚。商代末期人。

其先祖為四岳，佐禹平水土甚有功，虞夏之際封於呂，從其封姓，故以呂為氏。出生地主要有東海說和河內說。《孟子》中的〈離婁上〉和〈盡心上〉兩章都提到姜子牙「居東海之濱」；《呂氏春秋．首時》也說，「太公望，東夷之士也」；《史記．齊太公世家》也說他是「東海上人」。但這些說法都很籠統。晉張華《博物誌》說得較為明確：「海曲城有東呂鄉東呂里，太公望所出也。」《水經注．齊乘》說：「莒州東百六十里有東呂鄉，棘津在琅琊海曲，太公望所出。」

姜子牙後來輔佐周文王，稱「太公望」，俗稱太公。西周初年，他被周文王封為「太師」（武官名），被尊為「師尚父」。他是齊國的締造者、齊文化的創始人，是文王傾商、武王克紂的最高軍事統帥和西周的開國元勛，也是中國古代一位影響久遠的韜略家、政治家和軍事家。他的歷史地位為歷代典籍所公認，儒、法、兵、縱橫諸家都追他為本家人物，「百家宗師」的名號由此而來。

姜太公釣魚

《列子》

《列子》成書於戰國時期，但原書到漢初流散失落了。後來，劉向對其殘稿進行校訂整理，分為八篇。但對它的作者是否為列禦寇有所懷疑。後人經過研究，也多認為他人偽托列禦寇所作。《列子》中的內容大多數是民間傳說、寓言和神話故事，透過講述這些故事來說明哲理、闡發思想。在對宇宙的認識上，書中一方面認為「虛無」是宇宙生成的本體；但另一方面又否定道家「有生於無」的說法，認為世間萬物乃是「自生自化」的。書中還討論了自然界的變化發展，以及自然界與人的關係等問題。此外，書中還借寓言和故事對各種自然科學進行了討論，如「小兒辯日」、「偃師造人」等。書中在某些地方含有宣揚個人享樂、消極處世等思想，雖有些消極，但也從另一方面反映了當時之人想要衝破禮教名利、鬼神迷信的要求。《列子》對以後玄學的發展產生了一定的影響。

《晏子春秋》

晏嬰，春秋時期著名政治家、思想家，為齊國名相，歷仕靈、莊、景三代，執政五十餘年，以節儉力行、謙恭下士而著稱於世。《晏子春秋》則是一部記敘晏嬰言行和政治活動的書，集中反映了晏嬰的政治主張和思想。該書全部由短篇故事組成，透過一個個生動活潑的故事，塑造了主角晏嬰和眾多陪襯者的形象。下面摘抄一些大家熟知的名言。

「為者常成，行者常至。」——堅持做事的人總會取得成功，不斷前行的人總會到達目的地。出自《晏子春秋·內篇·雜下》。

「橘生淮南則為橘，生於淮北則為枳。」——橘子樹生長在淮水的南面，就是橘子樹，但把它移植到淮水的北面，就會變為枳。比喻環境對人的影響。枳，也叫「枸枳」，一種灌木或小喬木，果實酸苦。出自《晏子春秋·內篇·雜下》。

「利於國者愛之，害於國者惡之。」——對國家有利的事就要熱心地去做，對國家有害的事就要憎惡它、遠離它。

出自《晏子春秋．內篇》。

「言發於邇，不可亡於遠也；行存於身，不可掩於眾也。」——言論從近處發出，但是很遠地方的人也能聽得見；行動體現於自身，但是周圍的人也能看得很清楚。出自《晏子春秋．外篇》。

「不因喜以加賞，不因怒以加罰。」——不因為（自己）高興就多加獎賞，也不因為（自己）憤怒就加以懲罰。說明獎懲不能因為個人的喜怒而隨意變化。出自《晏子春秋．內篇．問上》。

「君好之，則臣服之；君嗜之，則臣食之。」——國君喜歡穿什麼衣服，臣子也跟著穿什麼衣服；國君愛吃的食物，臣子也會跟著吃。比喻上面喜好什麼，下面會跟著效仿。出自《晏子春秋．外篇》。

「飽而知人之饑，溫而知人之寒，逸而知人之勞。」——自己吃飽了，應該想到還有人餓著肚子；自己穿暖了，應當想到別人的寒冷；自己安逸享樂時，應當想到其他人的勞累。出自《晏子春秋．內篇．諫上》。

「聖人千慮，必有一失；愚人千慮，必有一得。」——聖明的人思慮多了，難免也會有失誤；而愚笨的人如果不斷思考，總會有所收穫。出自《晏子春秋．內篇．雜下》。

「不出尊俎之間，而折衝於千里之外。」——沒有離開酒席之間，卻把千里之外的敵人制服了。原指在諸侯國會盟的宴席上制勝對方，後泛指進行外交談判。出自《晏子春秋．內篇．雜上》。

「謀度於義者必得，事因於民者必成。」——為正義事業而謀求的人必定會有所收穫，為大眾利益做事的人必定會有所成就。出自《晏子春秋．內篇．問上》。

「玄學」是一門怎樣的學問

「玄學」的「玄」並非玄奧難懂之意。王弼注《老子》時，曾提出「玄者，物之極也」，「玄者，冥也。默然無有也」。因此，這裡的「玄」意指諸如萬物根源、本體等觀念。而玄學是魏晉時期王弼、何晏等人在儒家思想的基礎上，吸收了道家的精神形態，探究事物原理的一種唯心主義哲學。

魏晉時期，因黨爭酷烈，政治暴力時常絞殺名士；加之漢末以來以儒家思想為主的社會與教育風氣發生動搖，老莊思想受到推崇。當時的知識分子一改臧否朝廷人物的「清議」風氣，擯棄世務，轉而熱衷於抽象玄理的討論。玄學家以出身門第、容貌儀止和虛無玄遠的「清談」相標榜；以「三玄」（即《周易》、《老子》、《莊子》）為依據，將儒家與道家思想相互貫通；以解決儒家禮教和自然的關係為其

哲學目的，探究宇宙人生的哲理。當時的玄學家們對於宇宙自然的本質、生命的本質、人存在的終極意義，以及有無、本末、才性、言意、動靜等命題，都有深入的討論。玄學的代表人物有王弼、阮籍、嵇康、向秀、郭象等。

玄學思辨體現了魏晉士人本身的生活方式和格調，並表現在他們的藝術活動中。而魏晉士人性格行為曠達瀟灑、為言為文玄妙靈動，以及個人氣度的精緻清峻，與玄學的流行可以說是互為因果。

玄學家們既體驗到了天地宇宙的永恆，又因人生短暫而倍加珍惜個體的自由。這種領悟和發現，促成了以闡釋老莊和佛教哲理為主要內容的玄言詩及山水詩的出現。這樣一種非功利的精神活動，為後世的藝術和審美奠定了一種不同於儒家的觀念基礎，為中國文學與審美開拓了巨大的空間。

年輕有為的王弼

王弼，字輔嗣，山陽郡高平人（今山東金鄉一帶），是魏晉玄學的早期代表人物，玄學「貴無論」的創始人之一。

王弼出生於世代書香之家，其曾外祖父是東漢末年號稱「八俊」之一的荊州牧劉表。由於家世淵源，王弼自幼受到良好的教育，少年即有才名。據何劭《王弼傳》載，王弼十多歲時，即「好老氏，通辯能言」。他曾與當時的許多名士辯論各種問題，以「當其所得，莫能奪也」，深得當時名士的賞識。

有一天，王弼去拜訪他的父輩裴徽。裴徽當時為吏部侍郎，在思想界卻享有盛名。裴徽一見王弼，就覺得他與眾不同，於是提出了一個非常尖銳的問題：「夫無者，誠萬物之所資。聖人莫肯致言，而老子申之無已，何邪？」一個關於「有」與「無」、「儒」與「道」、「名教」與「自然」關係的哲學命題。這是當時學術界尚未解決的難題，裴徽對王弼的看重可見一斑。

王弼根據自己的研究和體會，明確、簡潔地回答：「聖人體無，無又不可以為訓，故言必及有，老、莊未免於有，恆訓其所不足。」意思是：「聖人認為無是本體，可是無又解釋不清楚，所以言談間必定涉及有；老子、莊子不能去掉有，所以要經常解釋那個還掌握得不充分的無。」王弼的「貴無論」見解獨到，尊孔崇老，很符合當時儒道合流的事實。他擺正了孔子與老子的地位，把儒、道融為一體。這就把前輩的研究向前推進了一大步，建立起了以無為本，現象與本體相結合的哲學體系。

第十二章　嬗變中的其他諸子各家

結語

結語

春秋末年到戰國時期是中國社會從奴隸社會過渡到封建社會的時期，引發了政治領域和經濟領域的劇烈變化。這種變化使得學術思想領域空前活躍，不同階級、不同階層的各學派，對於劇烈的社會動盪努力做出自己的解釋，提出治世的良方，批駁別人的思想和主張。一時間，各種學派如雨後春筍般紛紛興起，各抒己見，互相爭辯。該局面即為「百家爭鳴」。

百家爭鳴的「百」，並不是具體的實數，而是形容各種學派數目之多。事實上，當時影響較大的學派僅有儒、墨、道、法、名、陰陽六家。此外，兵家、農家、縱橫家、雜家等學派也提出了不同的主張和見解。由於各派的立場和處世態度不同，也主張各異。有的互相對立，有的大同小異，眾說紛紜，下面簡略地概述幾家學說的內容和特點。

儒家的創始人是春秋末期的孔子。他主張恢復西周的典章制度和道德規範，人們要讓自己的言行符合等級名分。他的政治理想是，要統治者推行「仁政」。戰國時期，孟軻繼承和發揮了孔子的學說。他講求「仁義」，而且特別強調「義」，把它當作判斷是非的標準。他認為，違背了「義」，就連國君也可以反對。這種見解在當時是非常大膽的。後來，人們把儒家學說又稱為「孔孟之道」。儒家學說對統治者鞏固政權有很大用處，對後世影響深遠。儒家的另一位大思想家荀子，即荀況。他批判地總結儒、墨、道、法各家的觀點，吸取各家的長處，形成了自己獨特的見解，成為先秦思想的集大成者。他主張變革，又提出人能掌握自然規律並利用它。荀子的主張影響深遠，法家的代表人物韓非、李斯都是他的學生。

法家的學說和儒家不同，代表人物韓非反對儒家提倡的「禮」和「仁」，認為那是行不通的。在他看來，社會的動亂是法制鬆弛造成的，所以他主張實行「法治」。由政府頒佈統一的法令和制度，無論高低貴賤，人人都得遵守，有功必賞，有罪必罰；即便是王公貴族犯法，也要同老百姓一樣治罪。這樣，人們有所畏懼，壞事就可以減少。除「法」以外，他還勸君主要講「術」和「勢」，要保持國君的權威和勢力。這些都是為了加強君主集權，所以那些改革的政治家都贊成法家的學說。

道家的創始人是春秋末期的老子。到了戰國時期，莊子（莊周）發揚了他的學說。道家的主張又與法家不同，他們反對煩瑣苛刻的法令，認為這是天下不安寧的根源；主張「無為而治」，意為統治者應滿足現狀，不要有所作為，一切順其「自然」。在他們看來，「小國寡民」（國土小，人口少）的原始社會生活是最美好的，那時沒有剝削壓迫，不打仗，人們處於「自然」狀態，過著簡樸的生活，一輩子不相往來。

墨家又有另外的看法。墨家的創始人是墨子（墨翟）。他認為，之所以會出現社會動亂，源於人們彼此不相愛；進而，他提出了「兼愛」和「非攻」的主張。他反對損害別人的行為，反對戰爭，主張不分親疏遠近地愛一切人。他認為如果人們都做到這一點，各種罪惡便不會發生。此外，他還要求任用賢人，「飢者得食，寒者得衣，勞者得息」。實際上，墨家的主張是一種空想，在當時是不可能實現的。

各學派都認為自己的主張是正確的，是富國利民的良方，希望統治者能採用。他們不遺餘力地宣傳自己的學說，同時攻擊和否定別的學派，相互之間爭得不可開交。比如，儒家認為「孝悌」是實現「仁」的根本，一個人如果孝順父母，敬愛兄長，就不會「犯上作亂」，做出反對君主的事情來。墨家主張「薄葬」，只要給死者穿上適當的衣服就可以，用不著裡三層外三層的穿裹；棺材只用桐木板做就可以，不必用貴重木材；守孝也不必用三年，認為儒家主張的「厚葬」是繁文縟節，對老百姓沒有好處。再比如，儒家把「忠」與「孝」連繫起來，認為對父親孝敬的人才能對君主忠心。對此，法家提出異議，認為兩者是矛盾的。韓非就舉了一個故事來證明：一個魯國人跟著國君去打仗，三次參加戰爭都當了逃兵。孔丘問他為什麼當逃兵，他說：「我家裡有年老的父親，我要是戰死了，就沒人養活他了。」孔丘認為這個人是個大孝子，推薦他做了官。韓非反問道：「為了孝順父親竟然違背國君的命令，對父親來說雖然算上孝子，對國君來說不正是逆臣嗎？」因此，韓非認為，只有實行「法治」，才能使國家富強起來。

各家為了擴大自己的影響，紛紛著書立說。因為當時還沒有發明紙和印刷術，字只能寫在竹木簡上，非常不便，更不可能大量印刷書籍，所以進行遊說和講學就成為一種重要的宣傳途徑。孟子曾經到各國遊說，推行自己的主張；墨子的學生有很多出身下層；莊子是很會寫文章的散文家；荀子則是名望極高的教師，還從事文學創作。戰國初期，齊國在國都臨淄西城門——稷下專門建立了學宮，設有很大的講壇，供來自各地的學者講學。到齊宣王時，進一步擴建學官，裡面可以容納幾千學士，據說到齊湣王時甚至可以容納萬人。荀子曾三任祭酒。齊國對於這些學士，都予以大夫的食祿待遇，尊他們為「列大夫」。各家都爭先恐後地到齊國講學，稷下成了當時思想文化交流的中心。由此，我們可以想像那時候百家爭鳴、學術繁榮的盛況。

戰國時期的「諸子百家」，無論在當時還是對後世，均產生了巨大的影響。法家學說在當時最得勢，魏、楚、秦等國均先後採納並推行過法家學派的主張。但是，由於法家的「法治」有壓迫剝削農民的一面，容易激化地主與農民的矛

盾，所以秦朝統治不過十幾年，便被農民起義的烈火吞噬。大浪淘沙，繼起的漢朝統治者汲取了這一教訓，意識到僅憑「嚴刑苛法」是不能鞏固統治的，便改為提倡「黃老之學」，用「無為而治」的辦法來緩和社會矛盾，休養生息，發展生產。後來他們又將儒家思想加以改造，用「忠孝仁義」作為統治人民的思想武器，開啟了「罷黜百家，獨尊儒術」的局面。此後，孔孟之道成為封建社會思想文化的主流。

國家圖書館出版品預行編目資料

諸子一吵，直接把你考倒：太極八卦 × 幾何力學 × 兵法韜略，諸子不是只會談論哲學，他們的技術你都不一定會！/ 韓品玉主編，莊琪編著 . — 第一版 . — 臺北市：崧燁文化事業有限公司 , 2023.05

面；　公分

POD 版

ISBN 978-626-357-280-5(平裝)

1.CST: 先秦哲學

121　　　112004627

諸子一吵，直接把你考倒：太極八卦 × 幾何力學 × 兵法韜略，諸子不是只會談論哲學，他們的技術你都不一定會！

主　　編：韓品玉
編　　著：莊琪
發 行 人：黃振庭
出 版 者：崧燁文化事業有限公司
發 行 者：崧燁文化事業有限公司
E-mail：sonbookservice@gmail.com
粉 絲 頁：https://www.facebook.com/sonbookss/
網　　址：https://sonbook.net/
地　　址：台北市中正區重慶南路一段六十一號八樓 815 室
Rm. 815, 8F., No.61, Sec. 1, Chongqing S. Rd., Zhongzheng Dist., Taipei City 100, Taiwan
電　　話：(02) 2370-3310　　　傳　　真：(02) 2388-1990
印　　刷：京峯彩色印刷有限公司（京峰數位）
律師顧問：廣華律師事務所 張珮琦律師

定　　價：320 元
發行日期：2023 年 05 月第一版
◎本書以 POD 印製